Johannes Scherr

Der letzte Sonnensohn: Die Geschichte hinter der Eroberung des Inkareiches

e-artnow 2018

Wilhelm Cremer
Die Entdeckung des Erdballs - Die Reisen des Marco Polo, Christoph Kolumbus, Vasco da Gama, Fernando Cortez, Francis Drake, James Cook, Die Eroberung des Nordpols und viel mehr

Robert Louis Stevenson
In der Südsee

Ida Pfeiffer
Meine Zweite Weltreise (Teil 1 bis 4): Von Wien nach London, Singapore, Borneo, Java, Sumatra, Celebes, Die Molukken, Kalifornien, Peru, Ecuador und Vereinigte Staaten von Nordamerika

Jakob Wassermann
Christoph Columbus - Der Don Quichote des Ozeans (Vollständige Biografie): Historischer Roman

Emil Holub
Sieben Jahre in Süd-Afrika (Band 1&2): Erlebnisse, Forschungen und Jagden auf den Reisen von den Diamantenfeldern zum Zambesi

Hanns Reska
Die Todesfahrt der "Advance" im ewigen Eise: Voll illustriertevon E. K. Kane's berühmte Grinnell-Nordpolexpedition (RMS Titanic Vorgänger)

Robert Falcon Scott
Letzte Fahrt: Tagebücher eines Überlebenskampfes

Francisco de Xerez
Geschichte der Entdeckung und Eroberung Perus: Die Wahrheit über die Inkas und Konquistadoren von einem Teilnehmer

Julius Payer
Die Österreichisch-Ungarische Nordpol-Expedition in den Jahren 1872-1874 (mit Illustrationen): Die arktische Odyssee des Expeditionsschiffs ... - Die Entdeckung des Franz-Josef-Landes

Ida Pfeiffer
Reise nach Madagaskar

Johannes Scherr

Der letzte Sonnensohn: Die Geschichte hinter der Eroberung des Inkareiches

Der letzte Herrscher des Inkareiches

e-artnow, 2018
Kontakt: info@e-artnow.org

ISBN 978-80-273-1830-8

Inhaltsverzeichnis

Werden, wachsen, blühen, welken, vergehen! Das in das ewige Gesetz der Natur und der Geschichte. Wie für die Pflanze und wie für die einzelnen Menschen, gilt es auch für die Völker. In seiner 1844 geschriebenen Strophe:

> „Am Baum der Menschheit drängt sich Blüth' an Blüthe,
> Nach ew'gen Regeln wiegen sie sich drauf;
> Wenn hier die eine matt und welk verglühte,
> Springt dort die and're voll und prächtig auf;
> Ein ewig Kommen und ein ewig Gehen
> Und nun und nimmer träger Stillestand!
> Wir seh'n sie auf-, wir seh'n sie niederwehen
> Und jede Blüthe ist ein Volk, ein Land –"

hat Freiligrath dieses Naturgesetz, diese weltgeschichtliche Thatsache in schöne Worte gekleidet.

In unsern Tagen ist für den von Ewigkeit her und in Ewigkeit hin sich vollziehenden Wechsel von Leben und Sterben im Universum das Modewort „Kampf um's Dasein" aufgekommen. Es hat seine Vollberechtigung. Nicht nur „Mensch sein heißt ein Kämpfer sein", sondern existiren wollen heißt kämpfen müssen. Fressen oder gefressen werden! Es gibt kein Drittes. Diese eiserne Nothwendigkeit steigt von den niedrigsten Organismen bis zu den höchsten empor. Vom Grashalm bis zum Menschen, vom Menschen bis zu den Weltkörpern – alles kämpft um sein Dasein. Wir wissen jetzt, der Golden-Zeitalter-Friede, welcher im Beginne der menschlichen Gesellschaft geherrscht haben soll, ist nur eine Fabel für Kinder, der „ewige Friede", welcher die sociale Entwickelung krönen soll, ein Märchen für ausgewachsene Schwachköpfe. Die Geschichte der Menschheit war, ist und bleibt ein ewiger Krieg. Wozu aber der ganze Gräuel? Ja, wer das wüßte! Alle Religionen, alle Philosopheme haben die traurige Räthselfrage nach „des Menschenlebens Sinn und Frommen" zu beantworten versucht und haben alle mitsammen als Antwort nur ein Chaos von Unsinn zuwegegebracht.

Die sogenannte Weltgeschichte zeigt uns, wie ein Volk nach dem andern auf die geschichtliche Bühne tritt, mit mehr oder weniger Geschick und Kunst seine Rolle spielt, mehr oder weniger Effect macht und dann abgeht, einen mehr oder weniger nachhaltigen Eindruck hinterlassend. Wo sind denn die Nationen und Staaten, welche im Alterthum die „Heldenrollen" innehatten? Wo ist das ägyptische, das assyrische, das persische, das makedonisch-griechische, das römische „Weltreich"? Schon lange dahin, schon lange zu Moder geworden, um die Erde für das Wachsthum von neuen Staatengebilden zu düngen. Für jedes Volk, für jeden Staat gilt das alte Seherwort:

> „Einst wird kommen der Tag, wo die heilige Ilios hinsinkt" –

wobei nur zu bemerken, daß beim Hinsinken der verschiedenen Iliosse von Heiligkeit durchaus nichts wahrgenommen zu werden pflegt. Das Welken von Pflanzen, Thieren, Menschen, Völkern und sicherlich auch von Gestirnen ist eben ein häßlicher Proceß. Seine Häßlichkeit ist das genaue Gegenbild zur Hoffnungsfrische des Wachsens und zum Schönheitsglanze des Blühens.

Wollt ihr ein solches Völkerwelken mitansehen? Blickt nach Spanien!

Vor dreihundert Jahren – eine wahre Bagatelle von Zeit! – war dieses Land die führende und gebietende „Weltmacht". Heute ist es eine Ruine. Eine Ruine allerdings, die sich noch immer für einen Staatsbau ausgeben möchte; aber trotz alledem eine Ruine, in zur Permanenz gewordenen Revolutionen, Gegenrevolutionen, Palastskandalen und Bürgerkriegen Stein für Stein zerbröckelnd. Im 16. und noch im 17. Jahrhundert stand der dichterische und künstlerische Genius des Landes schöpfungsmächtig da: Zurbaran, Velasquez und Murillo malten; Cervantes dichtete den Don Quijote, eines der tiefsinnigsten Werke, welche jemals einem Poetengehirn entsprungen; Lope entfaltete eine geradezu wunderbare Hervorbringungskraft; Calderon schuf den spanischen Faust (**„el magico prodigioso"**), Moreto die graziöseste Komödie der Weltliteratur (**„el desden con el desden"**). Heute trägt die spanische Literatur sklavisch die Schleppe der französischen, welche früher bei ihr die umfassendsten Anleihen aufgenommen hatte, und seit langem vermag Spanien an der wissenschaftlichen Arbeit Europas in ihren höheren und höchsten Graden nicht mehr theilzunehmen.

Spanien ist an der Religion zu Grunde gegangen, also an etwas, dessen, die Herren Kraftstoffel mögen sagen, was sie wollen, die menschliche Gesellschaft nie und nirgends entbehren konnte, kann und können wird. Denn, wie ich auch hier wiederholen muß, die Religion ist der Idealismus des Volkes. Sie ist und bleibt das einzige Mittel, wodurch sich das Volk – ich rede natürlich nicht von dem abstrakten Ding von „Volk", welches die Jan-Bockolte unserer Tage lächerlich-willkürlich zusammengeschneidert und aufgeschwindelt haben – mit der idealen Welt, die aller Kraftstoffelei zum Trotz ein sehr reales kulturgeschichtliches Motiv ist und bleibt, in Beziehung setzen kann, wenn auch noch so unzulänglich und in noch so grotesken Formen. In Spanien hatte sich, wie jedermann weiß, die Religion in Folge der jahrhundertelangen Kämpfe der sogenannten Christen mit den Islamiten zum wildesten Fanatismus hinaufgesteigert. Alles wurde diesem geopfert. Der Spanier war immer Katholik, Spanier oft, Mensch nie, außer in seinen Lastern. Die Inquisitionsfeuerbrände, welche die spanischen Ketzer verzehrten, haben auch die ganze Zukunft der Nation versengt.

Aber gewiß ist auch, zur Zeit, wo die Religion in Spanien zu so hochrother Feuerblüthe ausgeschlagen war, da hat sie – immer in ihrem Sinne freilich – das gesammte Dasein der Nation auf allen Gebieten zu außerordentlicher Kraftentwickelung gebracht und unzählige neue Beweise für die alte Thatsache geliefert, daß die Religion, wie sie die furchtbarsten Leidenschaften im Menschen aufzustürmen vermag, so auch die edelsten menschlichen Triebe zur Vollbringung der staunenswerthesten, ja geradezu unerhörter Thaten anzueifern versteht.

Denn – und damit lenken wir auf den Boden hinüber, auf welchem unsere Historie spielt – es kann keinem Zweifel unterstellt werden, daß dem blendenden, von Romantik funkelnden Heldenzug, welchen die Spanier im 16. Jahrhundert durch die unermeßlichen Länderstrecken der Neuen Welt führten, des Kreuz vorangetragen wurde. Allerdings, der wilde Golddurst, welcher durch die in's Märchenhafte übertriebene Kunde von den edlen Metallschätzen Amerikas in den Spaniern geweckt worden, die zur fixen Idee gewordene Vorstellung vom **„El Dorado"**, ebenso die durch die Moriskenkriege bis zur hellen Don-Quijoterie hinaufgespannte spanische Abenteuersucht, endlich der den Untertanen des „Weltmonarchen" Karl's **V.** unschwer angeflogene Größenwahn, alle diese Elemente haben zur Weckung, Schärfung und Schulung eines Unternehmungsgeistes, für welchen der Begriff des Unmöglichen gar nicht vorhanden war, sehr viel beigetragen. Aber die Seele der spanischen **„Conquista"**, d. h. der beispiellosen Eroberungen der Spanier in der Neuen Welt, war thatsächlich doch die Religion, derselbe glühend-fanatische Glaube, welcher jeden Spanier innigst überzeugt sein ließ, daß er für die Sache Gottes und der heiligen Jungfrau stritte, daß er, je mehr „Seelen" der rothen Heiden er zur Hölle spedire, um so zuversichtlicher erwarten dürfte, daß seine eigene Seele in den Himmel eingehen werde. Ohne die völlige Hingabe der spanischen „Conquistadoren" an ihren religiösen Wahn wären ihre Vollbringungen geradezu unerklärlich, im Guten wie im Bösen. Es ist ein und derselbe spanische Katholicismus gewesen, welcher das Kreuz auf die Alhambra pflanzte, die gräuelhaften „Glaubensakte" (**Autos de fé**) feierte, die deutschen Protestanten bei Mühlberg schlug, das Henkerschwert Alba's in den Niederlanden führte, den großen Teokalli in Tenochtitlan erstürmte und den goldenen Tempel der Sonne in Kuzko zu einer Soldatenbeute machte.

In Truxillo, einer Stadt der Landschaft Estremadura, wurde um das Jahr 1471 ein Bastard geboren, Francisko Pizarro, dessen früheste Kindheit so verwahrlos't war, daß später die nicht gerade reinliche Sage ging, das von seiner Rabenmutter ausgesetzte Findelkind sei nur durch die Barmherzigkeit einer säugenden Sau am Leben erhalten worden. Sicher ist, daß der wildaufwachsende Junge keinerlei Unterricht empfing, nicht lesen, nicht schreiben lernte und, um sein Leben zu fristen, Schweinehirt wurde. Aber der arme Bursche hatte etwas, viel sogar von dem Metall in sich, aus welchem bedeutende Menschen geschmiedet werden, unter Umständen Helden oder Heilande, unter andern Umständen weltgeschichtliche Schurken oder Scheusale. Will man gerecht sein, so muß man sagen: Pizarro war zwei Drittel Held und ein Drittel Scheusal. Im Uebrigen ein rechtgläubiger Spanier jeder Zoll, ein ganzer Mann, scharfverständig, schlau, zäh, unbeugsam, skrupellos, das verwirklichte Ideal eines spanischen „Conquistador", für welchen das Wort „Furcht" ein ganz inhaltsloser Schall war.

Die Erzählungen von den Wundern der Neuen Welt, damals das Tagesgespräch in Spanien, setzten die echtspanische Phantasie des Schweinehirten in Brand. Er warf seinen Stab weg, bettelte sich nach Sevilla durch, woselbst die Banden des „El Dorado" suchenden „Heldengesindels" sich zu sammeln und einzuschiffen pflegten, und gelangte nach Westindien hinüber. Im Jahre 1510 befand er sich auf Hispaniola und versuchte sich, unterstützt von seinem entfernten Verwandten Hernando Cortez, dem nachmaligen Eroberer Mexikos, als Pflanzer. Später ein Gefährte des kühnen Balboa, welcher im Jahr 1513 den unerhört mühsäligen Entdeckungszug über die Landenge von Darien unternommen hatte, war er einer der ersten Männer von weißer Rasse, deren Blicke auf den ungeheuren Spiegel des Stillen Oceans gefallen sind. Nachmals, so um 1515 herum, ist er als Hauptmann in den Diensten des Don Pedrarias, Statthalters von Panama, und erfreut sich auch des Besitzes eines Landgutes von sehr mäßigem Umfang in der Nähe dieser Stadt, von welcher aus die Entdeckungs- und Eroberungszüge der Spanier sich zunächst gegen Norden und Westen, später auch nach Süden richteten. Zur Zeit von 1524 war in Folge der entdeckenden und erobernden Thätigkeit der Spanier in Amerika bereits ein unermeßliches Gebiet der spanischen Krone unterworfen.

Nun gelangten die bestimmteren Botschaften von der wundersamen Eroberung Mexikos nach Panama und thaten eine zündende Wirkung. Eine um so zündendere, als mit der Kunde von dem märchenhaft glanzvollen Ausgange des mexikanischen Abenteuers zugleich unbestimmte Gerüchte von einem fabelhaft reichen Kulturstaat im Süden unter den Kolonisten von Darien sich verbreiteten. Unser gewesener Schweinehirt und dermaliger Hauptmann vernahm mit äußerster Spannung die beiderlei Neuigkeiten. Er mochte finden, daß er, jetzt ein Fünfziger, es eigentlich noch nicht sehr weit gebracht hätte in der Neuen Welt. Er mochte etwas in sich fühlen, das ihm sagte: „Was dein Vetter Cortez konnte, das kannst du auch und vielleicht sogar noch ein bißchen mehr. Wie wäre es, so ich an einem der Entdeckungs- und Eroberungsgeschäfte, welche jetzo, in südlicher Richtung unternommen – nach dorthin soll ja das wahre El Dorado liegen – nachgerade bei uns in Panama sehr in die Mode kommen, unzögerlich mich betheiligte?"

Von Entdeckungs- und Eroberungsgeschäften sprach ich und zwar mit Bedacht. Zur Stunde wäre es noch zeitgemäßer, von Entdeckungs- und Eroberungsgründungen zu sprechen. Denn, in Wahrheit, die spanischen Conquistadoren waren richtige „Gründer" in *ihrer* Manier. Sie „machten" in Länderfindung und Länderraub, wie die modernen Börsenräuber – welche ich nicht mit ordinären Taschendieben zu verwechseln bitte – in „Türken" und „Rumänen" machen. Das fieberhafte Aufsuchen des El Dorado war nachgerade zum wohlkalkulirten Aktiengeschäfte, zur Gründerei in mehr oder weniger großem Stil geworden.

In Betracht seiner eigenen unzulänglichen Mittel that sich demnach Pizarro nach Mitgründern um und fand solche in dem zu einigem Vermögen gekommenen Kriegsmanne Diego de Almagro und in dem Pfarrer Hernando de Luque. Die drei Dons legten demnach ihr Vermögen in einer Spekulation an, welche die Ausführung und, selbstverständlich, die Ausbeutung des angeblich im Süden von Darien gelegenen Goldlandes Peru zum Zwecke hatte. Almagro besorgte den Ankauf, die Ausrüstung und Bemannung von zwei kleinen Schiffen, und maßen Panama ein Ort war, wo immer eine hinlängliche Anzahl von Abenteurern, Strolchen und Desperados umherlungerte, konnte Pizarro, als Führer der „Expedition", im November von 1524 aus dem Hafen der Stadt absegeln. Er kam freilich nicht nach „El Dorado" und überhaupt nicht sehr weit. Ungeahnte Widerwärtigkeiten aller Art zu Wasser und zu Lande nöthigten ihn zur Umkehr. Allein er brachte nach Panama doch dieses Ergebniß mit, daß, je weiter man südwärts steuerte, die Sage von einem in jener Richtung gelegenen großen und so zu sagen von Gold starrenden Reiche immer bestimmtere Gestalt gewann.

Daraufhin gingen unsere Gründer nur noch energischer ins Zeug. Auf den Kredit Sr. Hochwürden Don Luque wurden 20,000 „harte Thaler" (pesos duros) aufgetrieben und damit die Kosten der Ausrüstung einer zweiten Expedition bestritten. Am 10. März von 1526 vereinbarten und unterzeichneten die drei Spekulanten ein Dokument, welches zu den absonderlichsten Kuriositäten der Geschichte gezählt werden mag: nämlich eine Vertragsurkunde, kraft welcher „im Namen Christi", wie der Eingang lautete, die drei Associés festsetzten, daß die zu entdeckenden und zu erobernden Länder, soweit sie zum Reiche Peru gehörten, zu gleichen Theilen unter sie, die drei Geschäftstheilhaber, getheilt werden sollten und zwar „mit allem Zubehör, was besagte Länder an Menschen, Thieren, Gold, Silber und Edelsteinen enthielten, mit selbstverständlichem Vorbehalt jedoch der Oberherrlichkeit der Krone Spanien und der aus dieser Oberherrlichkeit fließenden Rechte". Zu einer solchen Naivität der Philosophie des Raubes hat sich das moderne Gründerthum doch kaum hinaufzuschwindeln gewußt. Drei Lumpe theilen förmlich unter sich ein noch gar nicht aufgefundenes Reich „mit allem Zubehör" – der kolossalste Humbug, die tollste Don-Ouijoterie; aber ganz ernsthaft gemeint und mit derselben echtspanischen Grandezza betrieben, womit der sinnreiche Caballero aus der Mancha in der Stallmagd von Toboso eine Prinzessin sah und begrüßte.

Auf zwei Schiffen, welche eine Bemannung von hundertzwanzig Mann hatten, fuhren Pizarro und Almagro diesmal von Panama südwärts und gelangten, an der Küste hinsteuernd, bis zur Mündung des Flusses, welcher nachmals der Rio San Juan hieß. Hier überfiel Pizarro ein am Ufer gelegenes Dorf der Eingeborenen und machte eine nicht unbeträchtliche Beute an Schmucksachen aus Gold – ein Vorglanz so zu sagen vom Goldlande Peru. Also rüstig weiter nach Süden zu, immer weiter! Aber mit jedem Tage steigt auch die Mühsal der Fahrt. Ein Theil der Mannschaft meutert und fordert die Rückkehr nach Panama. Man geht an's Land und hält eine Art Kriegsrath. Einander schnurstracks widersprechende Ansichten werden mit mehr oder weniger heftigem Gebärdenspiele vorgebracht. Pizarro steht auf: „Genug des Geschwätzes!" Dann zieht er sein Schwert und zeichnet mit der Spitze desselben eine von Osten nach Westen gehende Linie in den Küstensand und sagt:

„Freunde und Gefährten, seht, auf dieser Seite liegen Mühsal, Hunger, Regen, Sturm, Verlassenheit und Tod, aber auch Peru mit seinen Schätzen; auf jener Seite Gefahrlosigkeit und Sicherheit, aber auch Panama mit seiner Armuth. Jeder nun wähle, was er für gut hält! Was mich angeht, ich gehe südwärts."

Das heldische Wort that seinen Dienst, wenn auch nur bis zu dem Grade, daß eine Anzahl entschlossener Männer bei dem Führer auszuharren und die Unternehmung weiter zu führen beschlossen, während die Anderen auf einem der beiden Schiffe nach der Landenge von Darien zurückkehrten.

Noch nahezu acht an prüfungsvollen Zwischenfällen reiche Monate hatte der kühne Mann alle seine Klugheit und Standhaftigkeit aufzubieten, um nicht unverrichteter Dinge zurückkehren zu müssen. Endlich gelang es den El-Dorado-Fahrern, die nachmals Pasado genannte Landspitze zu umschiffen, und ihr Fahrzeug glitt nun auf einer bislang noch von keinem europäischen Schiffskiel getheilten Meeresfläche dahin, immer weiter nach Süden, bis es in die schöne Bucht von Guayaquil einfuhr.

Mit weitgeöffneten Augen blickten sie auf die zugleich großartige und anmuthige Scene, welche sich vor ihnen entfaltete. Der schmale, aber üppig grüne Ufersaum, durch welchen sich zahlreiche Wasseradern dem Meere zuwanden, war mit einer Reihe von Städten und Dörfern besetzt. Hinter diesen Sitzen einer zahlreichen Bevölkerung hob sich der riesige Bergwall der Anden oder Kordilleren jählings empor, hier in zwei seiner schönsten Kolosse gipfelnd, in dem breitkuppeligen Chimborasso und in der blendend weißen Pyramide des Kotopaxi.

Am nächsten Morgen kreuzten unsere Abenteurer die Bucht und gingen vor Anker angesichts der wohlgebauten Stadt Tumbez, deren Aussehen ihre Zugehörigkeit zu einem civilisirten Staatswesen bezeugte. Das Zeugniß trog nicht. Tumbez war eine volkreiche Stadt des Inka-Reiches.

Das so lange, so mühsälig gesuchte El Dorado war gefunden; denn Pizarro landete an der Küste von Peru.

3

Wo lag Peru? Wie war es mit dem Inka-Reiche?

Amerika – das darf jetzt für ausgemacht gelten – hat seine Urbevölkerung von Asien her erhalten. Wir können uns die Stunde vorstellen, wo ein Halbthier von Mensch nordasiatisch-mongolischer Rasse seine Blicke über die Beringstraße hinüberwarf und sich fragte: Kann ich da hinüber gelangen? Diese Frage muß so oder so gelöst worden sein, denn die Rassegenossenschaft der asiatischen Mongolen und der amerikanischen Indianer scheint einer begründeten Anzweifelung kaum noch unterstellt werden zu können. Im übrigen ist die vorzeitliche Geschichte Amerika's bis zur Ankunft der Europäer in der Neuen Welt vorerst ein Chaos, für dessen Entwirrung und Aufhellung zwar schon vieles gethan worden, aber noch weit mehr zu thun sein wird. Die zwei großen Pfadesucherinnen und Pfadefinderinnen, die vergleichende Sprach- und Religionsforschung, haben hier noch eine ungeheure Wildniß zu durchwandern.

Geschichtliche Thatsache ist vorderhand, daß die indianische Bevölkerung Amerika's vor der Ankunft der Europäer auf sehr verschiedenen Kulturstufen stand. Ebenso, daß die Spanier im 16. Jahrhundert in Centralamerika schon auf die ruinenhaften Ueberbleibsel einer bereits zu Grunde gegangenen Civilisation stießen. Endlich, daß wir durch Vermittelung der spanischen Conquistadoren von den Zuständen, von der Macht und von dem Verderben der zwei bedeutendsten Staats- und Gesellschaftswesen, welche die Cultur der amerikanischen Rothhäute geschaffen hatte, vom Azteken-Reich in Mexiko und vom Inka-Reich in Peru, umfassende Kunde besitzen. In welchem Lichte den erobernden Spaniern diese beiden Staatswesen erschienen, bezeugt schon der Umstand, daß sie dem Beherrscher von Mexiko wie dem von Peru den Titel ihres eigenen Monarchen, den Titel Karl's des Fünften, den Titel „Kaiser" **(emperador)** beilegten und damit die außerordentliche Machtstellung dieser indianischen Fürsten anerkannten. Freilich mag hierbei auch die Absicht der Eroberer, die Größe ihrer Wagnisse und ihrer Erfolge in ein möglichst glänzendes Licht zu stellen, mit im Spiele gewesen sein.

Als Pizarro und seine Miträuber – denn diese Bezeichnung gebührte im Grunde doch der ganzen Sippschaft – an der Küste von Peru erschienen, hatte dieser Staat das Hochmaß seiner Ausdehnung erreicht, während seine Gesundheit und Kraft schon im Sinken begriffen waren. Man kann die ungefähren Grenzmarken des Reiches bestimmen, wenn man sagt, daß die Inka-Kaiser das ganze Gebiet beherrschten, welches heutzutage die vier sogenannten Republiken Ecuador, Peru, Bolivia und Chile einnehmen. Der unterirdische Reichthum des Bodens war ein außerordentlicher und namentlich durfte Peru mit Grund ein Goldland, *das* Goldland heißen. Die oberirdische Bodenbeschaffenheit dagegen konnte sich an Fruchtbarkeit mit den östlichen Küstenländern von Süd- und Mittelamerika bei weitem nicht messen. Im peruanischen Reiche mußte gearbeitet werden und zwar tüchtig, um die nöthigen Lebensmittel für die Bevölkerung zu beschaffen. Die große Meisterin Noth mit ihrer erstgeborenen Tochter Arbeit, sie waren auch hier, wie überall, die Kulturbringerinnen.

Man hat die Anfänge der peruanischen Civilisation früher am Titikakasee suchen zu müssen geglaubt, ist aber jetzt vergewissert, daß diese Civilisation in und bei Kuzko ihren Ursprung genommen habe. Diese Stadt, deren Name „Nabel" bedeutet, war der geheiligte Mittelpunkt des Inkareiches, und es drängt sich uns als ein denkwürdiger Zusammenklang in den Anschauungen grundverschiedener und einander wildfremder Völker die Erinnerung auf, daß die Hellenen ihr Nationalheiligtum Delphi ebenfalls den „Nabel" (der Erde) genannt hatten. Von Kuzko aus war die peruanische Cultur in der Form der Eroberung südwärts bis an die Grenzen des Araukanerlandes, nordwärts über Quito hinaus vorgedrungen. Ostwärts erstreckten sich die Grenzen des Reiches bis hinauf zur Wasserscheide der Anden und da und dort auch über die Kämme derselben hinüber und in die Pampas des südamerikanischen Festlandes hinein. Unlange vor der Ankunft der Spanier hatte das Reich der Inka den Gipfel seiner Machthöhe erreicht.

Auf den Anfängen der Völkergeschichten liegt der Nebel des Mythus, vom Strale der religiösen Idee mehr oder weniger hell besonnt. Die Menschen wußten es sich nicht zu erklären, wie es gekommen, daß sie sich nach und nach entbestialisirt hätten, daß sie allmälig so klug, so anstellig, so civilisirt geworden wären. Da mußte ihnen denn eine „höhere Macht" das Thierfell geschoren haben, so zu sagen. Auch die Peruaner hatten demnach ihren Culturmythus, das heißt auch *sie* führten den Ursprung ihrer Vermenschlichung auf „überirdische Mächte" zurück, wie solche zu glauben, zu fürchten und zu verehren den naturwüchsigen Menschen das Gefühl seiner Ohnmacht und Hilfebedürftigkeit allzeit und überall zwang und zwingt. Man muß übrigens gestehen, die heilige Sage der Peruaner und ihre organisch daraus entwickelte Religion waren verhältnißmäßig gar nicht übel, ja gewissermaßen rationell. Knüpften sie sich doch an die große Lebensspenderin und Lebenserhalterin, an die Sonne. Diese sicht- und fühlbare, unerschöpfliche Wohlthäterin nannten die Peruaner die „Mutter der Menschheit", und sie verehrten sie dankbar als ihre höchste Gottheit. Im Beginne der Zeiten hatte die große Mutter ihre zwei Kinder, den Manko Kapak und die Mama Oello, auf die Erde herabgesandt, um die Menschen zu entwildern, zu bilden und in ein geordnetes Staats- und Gesellschaftswesen herüberzuführen, die Landwirthschaft, die Gewerbefertigkeiten, alle Künste des Friedens zu lehren. Manko und Mama waren Bruder und Schwester, zugleich aber auch Mann und Weib und von ihnen stammte die Dynastie der Herrscher von Peru, das Geschlecht der „Inka", welches Wort Herr, Fürst, König bedeutet.

Die berechtigte Frage, ob schon vor den Inka in Peru eine ältere Kultur vorhanden gewesen, mag hier billig unerörtert bleiben. Gewiß ist, daß mit dem Aufkommen der Inka der peruanische Staat zu existiren anhob. Ebenso, daß dieser Staat und mit demselben alles, was wir unter peruanischer Civilisation zu verstehen pflegen, allem nach nicht sehr weit in unser Mittelalter zurückreicht, indem das Auftreten des zweifelsohne geschichtlichen und nachmals von seiten der dankbaren Peruaner vergötterten Kulturhelden Manko Kapak kaum höher als in den Anfang des 12. Jahrhunderts unserer Zeitrechnung hinaufzurücken ist. Die Nachfolger des Begründers der Inka-Dynastie handhabten Krieg und Eroberung, welche ja in der Geschichte viel häufiger, als die Unwissenheit meint, an der menschlichen Kultur sehr kräftig mitarbeiten, ohne Frage als Civilisatoren. Um die Mitte des 15. Jahrhunderts erweiterte der Inka Topa Yupanqui die Gränzen des Staates im Süden bis weit nach Chile hinein, während sein Sohn Huayna Kapak, der bedeutendste Mann seines ganzen Hauses, in nördlicher Richtung die Fahne Perus bis gegen Centralamerika hinauftrug und Quito unterwarf.

Die Beherrscher von Peru waren Theokraten, d. h. sie waren als angebliche „Sonnensöhne", als Abkömmlinge der höchsten Gottheit, zugleich politische und religiöse Despoten und genossen durchweg göttlicher Verehrung. Ihr geistlich-weltliches Skepter vererbten sie nach dem Rechte der Erstgeburt, d. h. der erstgeborene Sohn der „Koya" – so hieß die rechtmäßige Gemahlin des Inka, welche zugleich seine Schwester sein mußte, im Unterschiede zu dem ungezählten Schwarme der Insassinnen des kaiserlichen Harems – wurde der Nachfolger seines Vaters. Der kaiserliche Hofhalt war pracht- und prunkvoll, so recht goldschimmernd. Der Inka-Palast in Kuzko bildete mit seinen Nebengebäuden eine Stadt für sich. Er machte mit dem „Korikancha" (wörtlich Goldhaus), d. h. dem Reichstempel der Sonne – in Ansehung der Kostbarkeit des Materials seiner Ausschmückung wohl das reichste Gebäude, welches jemals die Erde getragen hat – und mit dem hauptstädtischen Kastell die Dreizahl der großartigsten Bauwerke Perus aus. Die kolossalen Trümmer der Festung erregen noch jetzt das Staunen der Betrachter. Es waren zu dieser Burg Bausteine verwendet von 38 Fuß Länge, 18 Fuß Breite und 6 Fuß Dicke, und diese Steinblöcke sind – ohne daß die Peruaner den Gebrauch des Eisens kannten, wohlverstanden! – so genau zugehauen und in einander gefügt gewesen, daß man keine Messerklinge in die Fugen zu stecken vermochte. Die Abgötterei, welche mit den Inka im Leben getrieben wurde, folgte denselben auch in den Tod. Ihre Lieblingsdiener und Gunstsklavinnen wurden ihnen als Todtenopfer dargebracht. Mit ihren aus dem Körper genommenen Eingeweiden begrub man die kostbarsten Juwelen und Geräthschaften der Todten. Die Leichname wurden kunstvoll balsamirt und mumisirt und die Mumien im Korikancha auf goldene Stühle gesetzt.

Die Familie der Inka hatte sich im Verlaufe der Zeit außerordentlich vermehrt und die zahllosen Nebensprößlinge bildeten den Inka-Adel, eine Kaste, welcher alle höheren Staats-, Kriegs-, Gerichts- und Kirchenämter von „rechtswegen" zukamen. Von Eroberungsrechtswegen, denn es ist klar, daß die Inka und der Inka-Adel die Abkömmlinge des Volksstammes gewesen sind, welcher erobernd in Peru eingedrungen war und, weit höher gebildet als die Urbewohner des Landes, diese unterworfen hatte. Die Nachkommenschaft der unterworfenen Urbewohner aber machte das aus, was wir „Volk" zu nennen gewohnt sind, im alten Peru die dienende, frohndende Masse.

Das Reich war in vier Provinzen eingetheilt und darum von seinen Bewohnern nicht Peru, sondern die vier Himmelsgegenden („Tavantinsuyu") genannt. Das Volk seinerseits zerfiel in Gruppen von 10, von 50, von 100, von 1000 und jeder dieser Gruppen stand ein Edelmann als Beamter vor, so daß sich vom Zehnmännerhauptmann bis zum Provinzstatthalter eine wohlgefugte Bureaukratie hinaufgipfelte. Jeder dieser Würdenträger war in seiner Sphäre zugleich Verwaltungs- und Justizbeamter. Die Gesetzgebung zeichnete sich durch Strenge und Bündigkeit aus. Auf Mord, Ehebruch, Diebstahl und Blasphemie, d. h. Lästerung der Sonne oder des Inka, stand der Tod. Aufruhr gegen den Inka galt für ein so ungeheuerliches Verbrechen, daß es nur durch gänzliche Vertilgung der Bewohnerschaft einer aufrührerischen Landschaft gesühnt werden könnte. Das Inka-Reich war, wenigstens in den Augen der Peruaner selbst, ein sehr streitbares. Die Armee, mit Bogen, Wurfspeeren, Schleudern, Morgensternen und Streitäxten bewaffnet und regelrecht in von Inka-Officieren verschiedener Grade befehligte Rotten, Bataillone und Regimenter eingetheilt, zählte zuletzt nicht weniger als 200,000 Mann. Die Civilverwaltung arbeitete mit größter Regelmäßigkeit. Für den Verkehr war gesorgt. Es gab Poststationen, Postbeamte und Postläufer, obzwar nur für den Gebrauch des Inka und der Regierung, und von Kuzko bis Quito hinauf lief jene Reichsstraße, welche Alexander von Humboldt, der sie in ihren Trümmern gesehen, bekanntlich „eins der riesenhaftesten Werke, welche je von Menschen ausgeführt wurden," genannt hat. Das eigenthümlichste Charaktermerkmal der altperuanischen Kultur waren jedoch die Eigenthumsverhältnisse. Denn im Inkastaate war ja das kommunistische Ideal verwirklicht, da es, streng genommen, ein Privateigenthum gar nicht gab. Die ganze urbare Bodenfläche des Landes war in drei Theile zerlegt. Der Ertrag des ersten gehörte der Sonne, d. h. der Klerisei und dem Kult; der Ertrag des zweiten der Inka-Familie und dem Inka-Adel; der dritte war unter das „Volk" Kopf für Kopf gleichmäßig vertheilt. Alljährlich wurde die Theilung dieses Bodendrittels erneuert und jedem Familienhaupt sein Jahresbesitz nach der Mitgliederzahl seiner Familie zugemessen, welche Einrichtung auf einer genauen Registerführung über Geburten und Todesfälle beruhte. Diese mittels der sogenannten Quippus-Schrift geübte Statistik ermöglichte auch die Durchführung eines streng geordneten Steuerwesens, dessen Last, maßen Klerus, Adel und Beamtenschaft steuerfrei waren, ausschließlich auf dem Volke lag. Die Entrichtung der Steuern geschah durch Arbeit jeglicher Art. Die **„misera contribuens plebs"** Perus frohndete als Bauer, als Bergmann, als Handwerker, als Soldat, als Arbeiter an den Staatsgebäuden und Staatsstraßen. Das ganze Dasein des peruanischen Volkes war in das Netz bureaukratisch-kommunistischer Bevormundung eingeschnürt und kann für Augen, welche sehen wollen, den unwiderleglichen Beweis liefern, daß der Kommunismus unfehlbar dem Menschen jede Selbstbestimmungsfähigkeit entzieht und demnach naturnothwendig in die schlimmste Sklaverei ausläuft.

Wie in der Regel jedes Volk *die* Regierung hat, die es verdient, so hat auch jedes Volk einen Gott, dessen Wesen die Bildungsstufe und Anschauungsweise der Gesammtheit seiner Verehrer widerspiegelt. Ist dieser Satz wahr, so gestattet er einen nicht ungünstigen Schluß auf die Cultur und den Nationalcharakter der Peruaner. Das religiöse Fühlen und Glauben derselben hob sich über die Stufe der bloßen „Naturreligion" empor. Denn nicht nur als eine göttliche Naturmacht, sondern auch als ein beseeltes, durchgeistigtes Wesen, als eine mit Bewußtsein wollende Gottheit wurde die Sonne gedacht und dieser Gottesbegriff streifte um so näher an den Monotheismus, als das mythologische Beiwerk desselben von ganz untergeordneter Bedeutung war. Nur die Gott-Sonne hatte Tempel, Klerus und Kult. Ganz fest war in dieser Sonnenreligion das Dogma von der Unsterblichkeit der Menschenseele hingestellt, und mit dieser Vorstellung verknüpfte sich die weitere von einem sogenannten Himmel und einer sogenannten Hölle im sogenannten Jenseits. Der Gottesdienst war im Ganzen so, wie er einer als sittliche, milde und wohlthätige Macht gedachten Gottheit gebührte. Eine Hauptkulthandlung war das knieend und mit der Sonne entgegengebreiteten Armen verrichtete Gebet. Immerhin kamen auch Menschenopfer vor, wohl ein von dem Inka-Volk übernommener Brauch der barbarischen Urbevölkerung des Landes. Sonst wurden als Opfer Edelsteine, Gold, Silber, Blumen, Früchte, Weihrauch, Schafe und Lamas dargebracht. Auch in der Form der Askese wurde die allen Religionen gemeinsame Opferidee verwirklicht: denkwürdig insbesondere durch das Institut der Sonnenjungfrauschaft. Die Sonnenjungfrauen, das heißt die peruanischen Vestalinnen oder Nonnen – nur Töchter des Inka-Adels konnten solche werden – lebten unter der Leitung einer Aebtissin oder Priorin nach bestimmten Regeln in Klöstern zusammen. Welche von ihnen sich gegen das strenge Keuschheitsgelübde, das sie als „Bräute des Sonnengottes" ablegen mußten, verfehlte, wurde lebendig begraben. Nur zu Gunsten des Sonnensohns, das heißt des regierenden Inka, gab es eine Ausnahme.

Die Sommersonnenwende brachte das religiöse Nationalfest, das zu Kuzko mit höchster Prachtentfaltung gefeierte „Intip Raymi", das Sonnenfest, wobei der Inka, der Papst der Sonnenreligion, dem stralenden Gotte aus mit „Chika" (gegohrenem Maissaft) gefülltem Goldpokal ein feierliches Trankopfer spendete in dem Augenblicke, wo das Tagesgestirn am östlichen Horizont hinter den majestätischen Andesfirnen emporstieg.

Alles in allem genommen, stand das Heidenthum der Peruaner an Reinheit, Sittlichkeit und, falls der Ausdruck überhaupt statthaft ist, an Vernünftigkeit dem Christenthume der spanischen Inquisitoren daheim und der spanischen Conquistadoren draußen keineswegs nach. Im Gegentheil, sehr im Gegentheil, zumal noch zu sagen ist, daß im alten Peru das Verhältniß der beiden Geschlechter ein sehr sittsames, das Familienleben innig, die Kinderzucht sorgsam und die Umgangsformen fein waren. Allein trotz alledem trug die peruanische Gesellschaft den Keim frühzeitigen und unaufhaltsamen Welkens in sich: sie mußte an ihrem Kommunismus sterben, die Eigenthumslosigkeit brachte sie um. Nur die Einrichtung des Privateigenthums begründet das große Gesetz des socialen Vorschritts, das heißt den thatkräftigen Trieb im Menschen, sein Loos zu verbessern. Diesen Trieb kannte der Peruaner nicht: er konnte ja nichts werden, als wozu seine Geburt ihn gemacht hatte. Die naturnothwendige Folge war, daß sich ein grauer Schleier von Gleichgiltigkeit über die Intelligenz des Volkes herbreitete und daß es sich widerstandslos einem schläfrigen Dahinvegetiren ergab. Wie hätte es also dem Glaubens- und Goldfanatismus, der unbezähmbaren Energie der spanischen Conquistadoren widerstehen sollen? Diesem „Heldengesindel", welches bei seinen fast unglaublichen Wagnissen noch dazu durch alle Vorzüge einer höheren Rasse und durch alle Vortheile einer vorgeschritteneren Cultur unterstützt wurde.

Um die geschichtliche Thatsache des Sturzes von Staaten und des Unterganges von Nationen her schlingt die Legende allerlei bunte Sagenfäden. So will auch die Sage der Peruaner, daß schon auf den höchsten Glanz von Peru – welchen auf einem Mißverständniß beruhenden Namen erst die Spanier dem Lande gaben – der dunkle Schatten einer fernher drohenden Wolke gefallen sei und das herannahende Verderben in der Form dunkler Ahnungen sich angekündigt habe. Im Volke schlich von Alters her die Sage um, Fremdlinge, wie man sie nie gesehen, würden dereinst in's Land kommen und dasselbe erobern; Kometen erschienen am Himmel und die Erde bebte. Das zum großen Sonnenfest ist Kuzko versammelte Volk sah in der Luft eine Schar von Falken einen Adler angreifen, welcher tödtlich verwundet zu Boden fiel. Die Priester murmelten düstere Weissagungen. Selbst den großen Inka Huayna Kapak erfaßte ein trübes Vorgefühl. Nicht ohne Grund. Hatte er doch von dem Erscheinen weißer bärtiger Männer am Gestade der Südsee sichere Kunde erhalten. Das war Balboa mit seinen Gefährten gewesen. Der Inka konnte nicht ahnen, daß unter diesen Waghälsen auch der Mann, Pizarro, sich befand, welcher so bald das Reich Tavantinsuyu vernichten sollte; aber sterbend deutete Huayna Kapak die Erscheinung der bärtigen Blaßgesichter auf die „Fremdlinge" der alten Sage

Seine traurige Ahnung hatte den Inka nicht betrogen, aber freilich hatte er selber die Erfüllung beträchtlich gefördert, so daß Peru's Verderben von innen heraus schon angehoben hatte, als die Gefahr der spanischen Conquista von außen herankam. Huayna Kapak war auf den Irrweg gerathen, die festgefugte Staatsordnung mit eigner Hand zu zerbrechen, indem er sich durch seine Vorliebe für einen seiner jüngeren Söhne, welcher Atahuallpa hieß, verleiten ließ, zu Ungunsten seines ältesten Sohnes Huaskar, des legitimen Kronprinzen, die Thronfolgeordnung abzuändern und zwar in der Form einer Theilung des Reiches. Die südliche Hälfte mit der Hauptstadt Kuzko erhielt Huaskar, die nördliche mit der Hauptstadt Quito erbte Atahuallpa. Nach dem wahrscheinlich im Jahre 1525 erfolgten Tode des großen Inka kam es, wie es bei der rastlosen, kriegerischen, ehr- und herrschsüchtigen Sinnesweise Atahuallpa's kommen mußte. Nachdem der Herrscher von Quito etliche Jahre lang Frieden gehalten, hob er den Bruderkrieg um den Alleinbesitz des Inka-Reiches an. Am Fuße des Chimborasso trafen die Heere der feindlichen Brüder zur blutigen Entscheidung aufeinander. Sie fiel zum Nachtheile des älteren Bruders aus. Eine zweite, auf der Ebene von Quipayan geschlagene Schlacht noch mehr: Huaskar wurde da der Gefangene seines Bruders, welcher sich jetzt des ganzen Reiches seines Vaters bemächtigte und mittels Thaten wilder Grausamkeit den Peruanern seinen vollständigen Triumph und die ganze Schwere seiner Despotie verkündigte.

Dies geschah im Jahre 1532, und schon etliche Monate darauf brach das spanische Verhängniß über Peru herein.

4

Was war aber derweil aus dem Hauptträger dieses Verhängnisses geworden? Wo befand sich Pizarro? In Spanien.

Der weiland Hüter der Schweine hatte aus alledem, was er in Tumbez gesehen und gehört, unschwer die Ueberzeugung geschöpft, daß denn doch seine Absicht, das Inka-Reich zu erobern, und die Eroberungsmittel, über welche er dermalen, das heißt nach endlicher Findung vom El-Dorado, zu verfügen hatte, in einem geradezu lächerlichen Mißverhältnisse ständen. Wir müssen das Geschäft gründlicher nehmen und auf eine solidere Basis stellen, sagte er sich, und maßen dies in dem lumpigen Panama, wohin wir alsbald zurückkehren müssen, keine Möglichkeit ist, so will ich nach Spanien hinüber und die Krone selbst für das Unternehmen zu interessiren suchen.

So that er; denn der Mann war einer von jenen entschlossen Anpackenden, bei denen dem Gedanken so gewiß und rasch die That folgt wie dem Blitze der Donner.

So finden wir zu Anfang des Sommers von 1528 Pizarro in Spanien am Hofe Kaiser Karls des Fünften, in dessen Reichen bekanntlich die Sonne nie unterging, der aber niemals Geld hatte und wie der größte Monarch, so auch der größte Pumper seiner Zeit gewesen ist. Da war es nun merkwürdig, zu sehen, mit welcher Sicherheit der Ex-Eumäus von Truxillo auf dem glatten Hofboden sich zu bewegen wußte. So etwas haben die formsicheren Menschen romanischer Rasse doch vor uns viereckigen Germanen voraus, denen es zwar nicht zur Schande gereicht, daß sie nicht zu schauspielen vermögen, aber auch nicht zum Ruhme, daß sie des Formsinnes mehr als billig ermangeln.

Der durchwetterte Abenteurer gewann dem Kaiser soviel Theilnahme ab, als dieser kalt rechnenden Natur überhaupt abzugewinnen war. Pizarro besaß ja jene kunstlose, aber energische Beredsamkeit, wie sie zum Befehlen bestimmten Menschen angeboren zu sein pflegt. Seine Schilderungen dessen, was er seit zwanzig Jahren in der Neuen Welt geschaut, gehört, gelitten und gestritten, mögen dem Kaiser, welcher sich bislang um die amerikanischen Dinge wenig gekümmert hatte, zuerst eine bestimmtere und deutlichere Vorstellung von der Beschaffenheit und dem Werthe der unermeßlichen Besitzungen beigebracht haben, welche da drüben der spanischen Herrschaft unterworfen waren. Pizarro, der seinen Mann und dessen ewig leere Tasche kannte, unterließ auch nicht, den Goldreichthum des neuentdeckten Landes Peru vor den gierigen Augen Karls schildern zu lassen, und legte um dieses sein Wortgemälde her den Rahmen peruanischer Goldproben, welche er fürsorglich mitgebracht hatte. Der Kaiser empfahl daraufhin Pizarro und dessen Angelegenheit dem „Rathe von Indien", also der obersten Colonialbehörde Spaniens, und diese hat dann im Juli von 1529 einen förmlichen Vertrag mit unserem Macher in Länderfindung und Gründer von Eroberungsgeschäften abgeschlossen. Kraft dieses Vertrages sollte dem Pizarro, welcher zur Erhöhung seines Ansehens zum Hidalgo (Edelmann) und zu einem Ritter von San Jago gemacht wurde, das Recht der Entdeckung und Eroberung des Landes Peru zustehen und sollte er nach vollbrachter Besitzergreifung Titel, Rang, Machtvollkommenheit und Einkommen eines Statthalters haben. Seine beiden ursprünglichen Mitgründer wurden ebenfalls bedacht, indem Almagro die Bestallung als Gobernador und Pater Luque die als Bischof der Stadt und Provinz Tumbez erhielt. Pizarro seinerseits übernahm die Verpflichtung, binnen sechs Monaten eine feldtüchtige Truppe von zweihundertfünfzig Mann aufzubringen, wobei ihm die Regierung zur Beschaffung von Geschützen und Munition behilflich sein sollte.

Der also mit Brief und Siegel förmlich zum Conquistador ernannte San Jago-Ritter vermochte die seinerseits übernommene Vertragspflicht nur mühsälig zu erfüllen. Im Januar von 1530 segelte er mit der aufgebrachten Streitmacht aus Spanien ab, und als er, in Panama angelangt, seine Mannschaft musterte, hatte er hundertdreiundsechszig Soldaten zu Fuß und siebenundzwanzig zu Pferd in erträglich guter Ausrüstung. Mit dieser Handvoll verwegener Gesellen fuhr Pizarro im Januar von 1531 zur Eroberung Perus aus, nachdem er seinem Geschäftstheilhaber Almagro aufgegeben hatte, in Panama noch weitere Mannschaft anzuwerben und ihm dieselbe unter der Führung tüchtiger Officiere nachzusenden. Dies geschah denn auch und war der eifrige Almagro im Stande, binnen kurzem drei kleine Schiffe mit Verstärkungen seinem Compagnon nachzusenden und zwar unter der Führung von Don Belalkazar und Don Hernando de Soto, zwei Rittern, welche in der Vorderreihe der Eroberer von Peru glänzten und von denen der letztgenannte außerdem als Entdecker des Stromgebietes des Mississippi in der Geschichte Amerikas einen unvergänglichen Namen sich gesichert hat. In der Bucht von Guayaquil vereinigten sich diese Verstärkungen mit der Mannschaft des Conquistadors.

In Tumbez gelandet, trat Pizarro in lebhaften Verkehr mit den Bewohnern der Stadt. Das Mittel sprachlicher Verständigung boten etliche Eingeborene, welche der Eroberer bei seinem ersten Besuche aus Tumbez mitgenommen und die als seine Begleiter auf der Fahrt nach Spanien inzwischen spanisch gelernt hatten. Einer dieser Dolmetscher, den die Spanier Felipillo getauft hatten, spielte in der Geschichte der Eroberung seines Vaterlandes eine nicht unwichtige Rolle, ganz dieselbe Rolle, welche in der Geschichte der Eroberung von Mexiko eine indianische Dolmetschin und Geliebte des Cortez, die schöne und kluge Donna Marina, innehatte. Pizarro scheint sich überhaupt das Verfahren seines Vetters in Anahuak vielfach zum Muster und Vorbilde genommen zu haben, wie das ja auch in den Verhältnissen lag. Er verwandte zuvörderst große Achtsamkeit darauf, zu Tumbez über die Zustände der fremdartigen Welt, welche er betreten hatte, genau sich zu unterrichten und Einsicht in die Sachlage im Inka-Reiche zu gewinnen. Was er erfuhr, zeigte ihm erst recht die Größe und Schwierigkeit seines Unternehmens, aber auch, was dasselbe erleichtern könnte. Hierbei war von äußerster Wichtigkeit die Kunde von dem so eben ausgefochtenen Bruderkriege zwischen Huaskar und Atahuallpa. Pizarro mußte sich ja erinnern, wie sehr die Zwistigkeiten der verschiedenen Volksstämme von Anahuak dem Cortez zu gute gekommen waren. Allerdings war der Sieger Atahuallpa im unbestrittenen Besitze der Gewalt, aber immerhin ließen sich, kalkulirte der Spanier, aus der Art und Weise, wie der Inka zur Herrschaft über das ganze Reich gelangt war, allerhand wichtige Vortheile ziehen. Unter anderen dieser, daß die fremden Eindringlinge sich einem gewiß nicht kleinen Theile der Peruaner als Befreier von dem Joche eines tyrannischen Usurpators darstellen konnten. Die Menschen wollten und wollen ja zu allen Zeiten belogen und betrogen sein.

Weiterhin galt es dann zunächst, in dem fremden Lande an einer wohlgelegenen Stelle der Küste festen Fuß zu fassen, wie das Cortez in Mexiko durch die Anlage von Veracruz bezweckt und erreicht hatte. Demzufolge wurde südlich von Tumbez im schönen Thale von Tangarola eine Pflanzstätte gegründet, welche den Namen San Miguel erhielt. Sie sollte als Aus- und Einschiffungsort, als Stütz- und Zufluchtspunkt dienen.

Während an der Gründung dieser ersten spanischen Colonie auf dem Boden des Sonnenreiches gearbeitet wurde, brachte Pizarro in Erfahrung, daß der Emperador von Peru dermalen nicht in der Hauptstadt residirte, sondern in einer Entfernung von etwa zwölf Tagemärschen zu Kaxamalka, welche Stadt in einem von einer Quellader des Amazonenstromes gebildeten Thale der Anden gelegen war, sein Hoflager aufgeschlagen hätte. Sofort erhob sich im spanischen Lager die Frage, was nun zu thun wäre. Ob es räthlicher, stracks den weiten Südmarsch nach der Hauptstadt Kuzko anzutreten, von woher eine ungeheure Goldbeute winkte, oder aber die dermalige Residenz des Inka aufzusuchen? Pizarro war Politiker genug und hatte sich über das Wesen des Inkathums auch schon ein so sicheres Urtheil gebildet, daß er den Marsch nach Kaxamalka beschloß. Es mußte ihm ja aus Allem, was er bislang in diesem Lande gesehen und gehört, klar geworden sein, daß, wer den Inka hätte, auch Peru hätte. Das Schicksal des Herrschers müßte das des Reiches entscheiden. Wie sich der Conquistador diese Entscheidung dachte, ist nicht zu sagen. Denn die Quellen der Eroberungsgeschichte von Peru lassen es unbestimmt, ob er zuvörderst friedliche Mittel versuchen wollte oder aber von vornherein auf einen Gewaltschlag sann. Das Wahrscheinlichste ist, daß er sich sagte: Kommt Zeit, kommt Rath. Vorerst nach Kaxamalka! Sind wir einmal dort, werden uns die Umstände lehren, was zu thun.

Der Aufenthalt in Tumbez und die Gründung von San Miguel hatten einen Zeitraum von fünf Monaten in Anspruch genommen. Längeres Zögern schien dem Conquistador um so unthunlicher, als unter seiner Mannschaft das Gemurre, wo denn eigentlich das verheißene Dorado sei, immer lauter zu werden begann. Er mußte sich daher zum Aufbruche nach Kaxamalka entschließen, ohne weitere Verstärkungen von Panama her abwarten zu können. In San Miguel eine Besitzung zurücklassend, trat er am 21. September von 1532 mit hundertzehn Fußsoldaten und siebenundsechszig Reitern seinen Marsch an, eines der kühnsten Spiele wagend, welche jemals gewagt worden sind. Aber gerade die Abenteuerlichkeit, die Tollkühnheit des Wagnisses entsprach so recht dem Charakter der Spanier von damals und vollends der Sinnesweise des „Heldengesindels" der Conquistadoren. Man läßt dem Francisko Pizarro und seinen Gefährten nur Gerechtigkeit widerfahren, wenn man anerkennt, daß wohl niemals ein kühnerer Entschluß gefaßt und mit stahlhärterer Thatkraft zur Ausführung gebracht worden sei als der von ihnen gefaßte und ausgeführte. Mit hundertsiebenzig Mann zuerst in die tropische Urwaldwildniß sich hineinwagen, dann den himmelan gethürmten Riesenwall der Kordilleren übersteigen, in das Herz eines großen und wohlgeordneten Reiches eindringen, den unumschränkten, abgöttisch verehrten, sakrosancten Beherrscher desselben in der Mitte seines siegreichen Heeres in seinem eigenen Prätorium aufsuchen mit der Absicht, der Herrlichkeit dieses Halbgottes von Sonnensohn so oder so ein Ende zu bereiten – gewiß konnte nur ein heldischer Mann diesen Gedanken aussinnen und zur That machen. Dabei ist noch in Anschlag zu bringen, daß die Ausrüstung von Pizarro's Mannschaft mit Feuerwaffen eine nur sehr spärliche war. Nicht mehr als drei Büchsenschützen befanden sich unter der Schaar, und was das „Geschütz" anging, so bestand dasselbe aus zwei „Feldschlangen" kleinsten Kalibers.

Vorwärts also trotz alledem! Die ersten Tagmärsche führten durch ein mälig gen Südosten ansteigendes Land, welches von der Ueppigkeit tropischer Urwaldvegetation überwuchert war. Dann, als man sich den Kolossen der Andeskette mehr genähert hatte, ging der Zug durch Thalgelände, welche, wasserreich und äußerst sorgfältig angebaut, die Anmuth ihrer landschaftlichen Scenerie selbst diesen Wanderern, welche sich sonst um dergleichen blutwenig kümmerten, fühlbar machten. Hier war die Bevölkerung eine zahlreiche, aber von Widerstand nirgends eine Spur. Die Fremdlinge, welche kamen, den armen Peruanern statt des hölzernen Joches, welches sie bislang getragen, ein eisernes aufzulegen, wurden allenthalben freundlich aufgenommen und gastlich beherbergt und bewirthet. Mittels seiner Dolmetscher konnte der Conquistador auch die Wahrnehmung machen, daß unter den Unterthanen Atahuallpa's eine dumpfe Unzufriedenheit gährte. Die Herrschaft des Inka mußte sich demnach schon als eine sehr drückende erwiesen haben.

Derweil die Spanier an einem Orte, welcher Zaran hieß und innerhalb der Vorberge der Kordilleren gelegen war, Rast hielten, ward ihnen ein Beweis, daß ihr Marsch auf Kaxamalka dem Inka zu Ohren gekommen sein mußte. Leider wissen wir nicht, was sich Atahuallpa, welcher, von seinem Heere umgeben, in Kaxamalka, das schon damals seiner warmen Quellen wegen berühmt war, eine Badkur gebrauchte, bei der Kunde von dem Erscheinen der weißgesichtigen, bärtigen Fremden dachte, welche – so hatten ihm seine Späher zweifelsohne bereits gemeldet – Blitz und Donner mit sich führten und auf wunderbaren Geschöpfen, so man im Reiche der vier Himmelsgegenden nie gesehen, auf einer Art von vierfüßigen Schlangen einherritten. Wie zu vermuthen, hatte die Erscheinung der Fremdlinge zunächst nur die Neugier des Sonnensohnes erregt und scheint ihm ein Gedanke an Gefahr gar nicht aufgestiegen zu sein. So erklärt es sich, daß er einen seiner Edelleute als Gesandten an den Häuptling der Fremden abordnete, um dieselben an sein Hoflager einladen zu lassen. Der Gesandte, welcher selbstverständlich zugleich ein Spion war, wie ja das die Gesandten allzeit oder überall mehr oder weniger waren, sind und sein werden, stellte sich mit seinem Gefolge in Zaran dem Conquistador vor, überreichte etliche Geschenke und entledigte sich mit bester Manier seines Auftrages. Pizarro spielte nicht weniger fein den Diplomaten, überschüttete den peruanischen Höfling mit höfischen Redensarten und sandte denselben zu seinem Gebieter zurück mit der Meldung, er, Pizarro, werde, die Einladung Sr. Majestät des Emperadors von Peru dankend annehmend, mit seinen Leuten bald in Kaxamalka eintreffen. Zugleich trug er dem Gesandten noch auf, den Sonnensohn zu benachrichtigen, daß sie, die Spanier, von jenseits des Meeres kämen und zwar als Botschafter eines mächtigen Monarchen. Dieser hätte von der Macht und dem Ruhme des Inka's so viel vernommen, daß er ihnen den Befehl gegeben, dem Herrscher von Peru ihre Ehrerbietung darzubringen und ihm ihren Beistand gegen alle seine Feinde anzubieten.

Nach also bewerkstelligter Abfertigung des Gesandten verweilte der Eroberer noch mehrere Tage da und dort am Fuße der Sierra, weil er hoffte, daß noch diesseits des Gebirges Verstärkungen von Panama her und über San Miguel zu ihm stoßen würden. Aber er mußte diese Hoffnung endlich aufgeben und so, wie er war, und mit dem, was er hatte, die Ersteigung und Ueberklimmung der Kordilleren unternehmen. Ein furchtbares Mühsal! Aber es ward überwunden. Wohl war manchem von Pizarro's Gefährten beim Anblicke dieses riesigen Gebirges, dessen Firnschneegipfel in die Wolken sich verloren und das sie überklettern sollten, um drüben in ein Chaos von Gefahr, in das Unbekannte, Nichtzuahnende sich zu stürzen, der Muth gesunken. Aber der Führer verstand es auch jetzt, wie immer, den gesunkenen wieder zu heben. Oviedo, der klassische Geschichtschreiber der Conquista, hat uns die Rede überliefert, welche Pizarro vor dem Aufbruch in's Hochgebirge an seine Mannschaft hielt. Die „**santa fé catolica**" spielte darin eine große Rolle. Ebenso die Berufung auf das Spanierthum. „Schreitet vorwärts, wie es guten Spaniern geziemt, ganz unbekümmert, daß ihr Christen so klein an Zahl. Gott ist unser Beistand; er wird den Stolz der Heiden demüthigen und sie zu unserem heiligen katholischen Glauben herüberführen."

Es war am 15. November von 1532, als die Spanier, die Gipfel der Anden hinter sich, die letzten Abdachungen der Ostseite des Gebirges hinabstiegen und die Stadt Kaxamalka, hinter welcher thalhinein die warmen Quellen ihre Dampfsäulen in die Luft trieben, zu ihren Füßen liegen sahen.

5

Nun höre ich da und dort einen klugen Leser und vielleicht auch eine noch klügere Leserin meiner Historie murmeln: „Dieser Sonnensohn von Inka muß doch ein recht dummer Teufel gewesen sein. Wie hätte er sich sonst die Spanier so auf den Hals kommen lassen können?"

Die Frage ist berechtigt und auch schon vor dreihundert Jahren von klugen Leuten aufgeworfen worden. Schade, daß wir nur Vermuthungen zur Antwort geben können.

Wie bereits oben bemerkt worden, scheint Atahuallpa zuvörderst einer, wie leicht begreiflich, sehr lebhaften Regung von Neugier nachgegeben zu haben, als er die Fremdlinge, deren ganze Erscheinung von dem Nimbus und Reiz des Geheimnisses umgeben war, an sein Hoflager lud. Die Erinnerung an die mit den Anfängen des peruanischen Staates verknüpfte Sage, daß weißhäutige Männer in der Urzeit am Titikakasee gelebt hätten, mag auch in dem Inka wach geworden sein und ihm ein freundliches Verhalten gegen die Eindringlinge vorgezeichnet haben. Man hat nachmals, um das Verfahren Pizarro's zu entschuldigen oder gar zu rechtfertigen, von spanischer Seite die Behauptung aufgestellt, das zuvorkommende Gebahren des Sonnensohnes sei von Anfang an nur Verstellung gewesen. Er habe mittels geheuchelter Freundlichkeit die Spanier in sein Lager locken wollen, um sich ihrer wundersamen Waffen und Reitthiere zu bemächtigen, sie selber aber umzubringen. Dazu ist zu sagen, daß die notorische Verschlagenheit und Grausamkeit Atahuallpa's dieser Unterstellung allerdings eine scheinbar gute Stütze gibt. Allein diese Stütze hält nicht vor angesichts der Thatsache, daß der Inka die Spanier ohne alle Belästigung bis nach Kaxamalka gelangen ließ und sie nach ihrer Ankunft daselbst so gastlich behandelte, daß sie selber schlechterdings kein Symptom feindseliger Absichten von seiner Seite anzugeben vermochten. Das Entscheidende ist jedoch, daß Atahuallpa, falls er einen Ueberfall der Spanier geplant hätte, klug und kriegserfahren genug gewesen wäre, damit nicht bis zur Ankunft der Fremden an seinem Hoflager zu warten, sondern sie vielmehr während ihres beschwerlichen und gefährlichen Zuges über die Anden zu überrumpeln. So das mit auch nur einiger Geschicklichkeit geschehen wäre, mußten sie unfehlbar verloren sein. Es war aber nicht geschehen, und demnach vollzogen sich die Geschicke des Sonnenlandes mit außerordentlicher Raschheit.

Wir wissen aber aus dem Munde der Conquistadoren selbst, daß sie beim Anblicke der wohlgebauten Stadt zu ihren Füßen, mehr aber noch beim Anblicke des weit über die Bergabhänge rings um die Stadt hingedehnten weißen Zeltlagers von Atahuallpa's Heer denn doch ein sehr starkes, obzwar vorübergehendes Bangen empfanden. Indessen, zurück konnte man nicht – also vorwärts! –

Pizarro suchte seine Erscheinung zu einer möglichst imponirenden zu machen. Er ordnete seine Mannschaft in drei Treffen, wenn man so sagen darf, als ob es zur Schlacht ginge, ließ die Fahnen entfalten, die Trompeten schmettern und marschirte so, die Reiterei voran, die Feldschlangen in der Mitte, in echt spanisch-stolzer Haltung auf die Stadt zu. Er erreichte seinen Zweck: er imponirte. Tausende und wieder tausende von schwarzen Peruaneraugen hingen an dem herankommenden Zuge, an dem alles so fremdartig, daß er den Unterthanen des Inka's wie unmittelbar vom Himmel gefallen erscheinen konnte. Später dürften sie sehr geneigt gewesen sein, zu glauben, die Hölle hätte diese Blaßgesichter ausgespieen.

In Kaxamalka eingerückt, erfuhr der Conquistador, daß der Inka in einer Villa residirte, welche etwa eine Legua weit hinter der Stadt und vor der Fronte des peruanischen Lagers gelegen war. Dorthin entsandte, den „Emperador" zu begrüßen, Pizarro seinen Bruder Hernando und den Ritter Soto an der Spitze einer Reiterschaar, welche alsbald auf der von der Stadt zur kaiserlichen Residenz hinausführenden, wohlangelegten Kunststraße hingaloppirte. Bei ihrem Herankommen traten die peruanischen Krieger überall neugierig aus ihren Zelten hervor, verhielten sich aber durchaus friedlich. Die zeitweilige Behausung des Inka war leicht, aber hübsch gebaut; die Außenwände waren mit einer bunten Mörtelglasur versehen und um den offenen Hof lief ein Säulengang, in welchem das „Inkabad" sichtbar war, das heißt eine große steinerne Wanne, in welche mittels Röhren warmes und kaltes Wasser geleitet werden konnte. Eine Menge prächtig gekleideter Hofleute und Offiziere füllte den Hofraum. Auch reichgeschmückte Frauen des kaiserlichen Harems waren sichtbar. Unschwer vermochten die Spanier die Person des Inka zu erkunden, nämlich in einem auf einem niedrigen Sessel dasitzenden Manne, welchen das außerordentlich ehrfurchtsvolle Bezeigen der ihn umstehenden höchsten Würdenträger als den „Emperador" bezeichnete. Außerdem war Atahuallpa kenntlich durch das Symbol seiner Sonnensohnherrschaft, das heißt durch die rothseidene Stirnbinde, die „Borla", deren Fransen ihm bis auf die Augenbrauen herabfielen. Nur der Inka durfte diesen Kopfschmuck tragen, und Atahuallpa hatte sich mit diesem heiligen Zeichen unumschränkten Herrscherthums erst geschmückt, nachdem er mittels Besiegung und Gefangennahme seines Bruders in den alleinigen Besitz der Macht in Peru gelangt war.

Der Inka empfing die beiden Boten des Conquistadors mit der ganzen Gemessenheit und stoischen Würde, welche den Häuptlingen der rothhäutigen Rasse bei Haupt- und Staatsactionen überall eigen war und ist. Hernando Pizarro und der Ritter Soto ritten bis dicht vor den Sitz Atahuallpa's und richteten durch den Mund des Dolmetschers Felipillo ihren Auftrag aus, indem sie das wiederholten, was der Eroberer schon in Zaran dem Abgesandten des Inka's gesagt hatte. Der Herrscher von Tavantinsuyu hörte schweigend und ohne eine Miene zu verziehen die Botschaft. Nur einer der ihm zur Seite stehenden Würdenträger sagte, als die Spanier ihre Anrede vorgebracht hatten, lakonisch: „Es ist gut." Damit war aber den Boten nicht gedient, und der Bruder Pizarro's nahm daher abermals das Wort und bat den Inka, selber mit ihnen zu sprechen und ihnen seinen Entschluß und Beschluß mitzutheilen. Nun ging – so hat uns Soto berichtet – ein flüchtiges Lächeln über die ernsten Züge Atahuallpa's, und er ließ sich herab, zu sagen: „Meldet Eurem Häuptlinge, daß ich dermalen Fasten halte, welche morgen zu Ende gehen. Dann werde ich ihn mit meinen Häuptlingen besuchen. Derweil ober möge er in dem Staatsgebäude an dem öffentlichen Platze in der Stadt Quartier nehmen. Was weiter geschehen soll, werde ich befehlen."

Soto, welcher einen Andalusier ritt, dessen Feuer die Strapazen des Andesüberganges nicht zu schwächen vermocht hatten, bemerkte, daß der Inka das schöne Thier, welches ihm wie ein Wunder vorkommen mußte, aufmerksam, aber ruhig betrachtete. Da ließ der Ritter dem Renner die Zügel schießen, beschrieb in vollem Laufe ein paar Kreise auf dem Wiesenplane vor dem Hofraume, kam dann pfeilschnell zurück und hielt sein Roß so plötzlich und so dicht vor Atahuallpa an, daß es sich auf die Hinterfüße setzte und den Schaum seines Gebisses umhersprützte. Der Inka behauptete auch hierbei seine würdevolle Fassung, aber etliche seiner Officiere wichen entsetzt zurück. Ihr Gebieter soll sie, wie die Spanier aussagten, um solcher Feigheit willen noch am Abende desselben Tages haben hinrichten lassen.

„Was weiter geschehen soll, werde ich befehlen" – hatte der Inka gesagt. Lag in dieser Aeußerung souveränen Machtbewußtseins eine Drohung? Sollte es etwa heißen: „Trotz alledem besitze ich die Mittel, euch Blaßgesichter mitsammt eurem Blitz und Donner, mitsammt euren vierfüßigen Schlangen zu erdrücken, sobald es mir beliebt!"? Nahm es Pizarro so?

Wie er es nahm, weiß man nicht; daß er aber handelte, als hätte er es so genommen, das weiß man. Kamen doch seine beiden Boten trotz des berauschenden Chikatrankes, welcher ihnen auf Befehl Atahuallpa's durch schöne Odalisken in großen Goldpokalen kredenzt worden war, mit sehr gemischten Eindrücken aus dem Lager des Inka nach Kaxamalka zurück. Was sie da gesehen hatten und was sie ihren Gefährten berichteten, imponirte den Spaniern nicht wenig, und als die Nacht gekommen war und die zahllosen Lagerfeuer der peruanischen Krieger von den Berghalden herableuchteten – „so dicht wie die Sterne am Himmel," meldet uns einer der Augenzeugen –, da sank diesem in tausend Gefahren hartgegerbten „Heldengesindel" der Muth.

Einer jedoch war darunter, dem blieb der Muth oben, Pizarro selbst, welcher derweil seine Leute in dem großen kasernenartigen Gebäude untergebracht hatte, welches den Marktplatz der Stadt von drei Seiten einfaßte. Dieses Bauwerk bestand eigentlich nur aus weiten Säulenhallen, welche sich gegen den Platz hin aufthaten und diesen zu einem geschlossenen Hofraume machten, indem die vierte Seite durch eine hohe, in der Mitte mit einem großen wohlbefestigten Thore versehene Mauer abgeschlossen wurde. Die Beschaffenheit seines Quartiers half zweifelsohne Pizarro's Plan mitbestimmen.

Denn der Mann hatte einen Plan, einen verzweifelten, auf Sieg oder Untergang gestellten Plan, aber einen Plan, welcher mit ebenso fester Hand ausgeführt wurde, wie er mit festem Geiste entworfen worden war. Nachdem er am Abend des 15. Novembers mittels einer seiner bündigen, von Energie schwellenden Anreden seiner ganzen Schar zu Gemüthe geführt hatte, daß es jetzo gälte, für den heiligen katholischen Glauben gegen die Heiden einen großes Schlag zu thun, der schlechterdings gethan werden müßte, so sie nicht alle schmählich zu Grunde gehen wollten, versammelte er seine Officiere zu einem Kriegsrathe, setzte ihnen klar und bestimmt auseinander, was er vorhätte, was morgen gethan und wie es gethan werden sollte, und wies jedem seine Stelle und seine Rolle an. Dann entließ er sie, machte die Runde in dem ganzen Quartiere, prüfte die getroffenen Vertheidigungsanstalten, besichtigte die Wachtposten und legte sich endlich schlafen mit der Gefaßtheit eines Mannes, welcher wußte, daß er morgen zu dieser Stunde der Herr von Peru oder aber todt sein würde.

6

Aus wolkenlosem Himmelsblau blickte am Morgen des 16. Novembers von 1532 die Gottheit Peru's in stralender Majestät auf ihr Land herab. Sie sollte es an diesem Tage zum letztenmale in der Hand und Gewalt ihrer Kinder sehen.

Draußen im Lager des Inka war frühzeitig große Regung und Bewegung. Aber frühzeitiger noch riefen Trompetenstöße die Spanier in ihrem Quartier aus dem Schlafe und unter die Waffen. Der Conquistador erschien gepanzert und in voller Waffentracht. Ebenso seine Officiere und seine sämmtlichen Gefährten bis zum letzten Soldaten herab. Ein reichliches Frühmahl wurde eingenommen. Dann celebrirte Pizarro's Feldpater an einem im Hofraume improvisirten Altar eine Messe und stimmte zum Schlusse das **„Exsurge, Domine!"** an, in welches die ganze fromme Räuberbande höchst andächtig einstimmte. Hierauf ordnete der Führer, was noch zu ordnen war. Den Don Pedro de Kandia ließ er mit etlicher Mannschaft die zinnenbekrönte Mauer, in welcher die große Pforte eingelassen war, besetzen und hier wurde auch das „Geschütz", das heißt die beiden kleinen Feldschlangen, aufgepflanzt. Innerhalb der um den Platz herlaufenden Säulenhalle stellte er auf dem rechten und dem linken Flügel in zwei von seinem Bruder und De Soto befehligten Trupps seine Reiter auf, im Mittelflügel sein Fußvolk, mit Ausnahme von zwanzig auserlesenen Leuten, die er unter seiner unmittelbaren Führung behielt. Sämmtliche Mannschaften hatten den Befehl, gefechtsbereit zu sein, und ihre Officiere erhielten die letzten Losungen von dem General.

Der höchste Einsatz war gemacht, und die Schicksalswürfel rollten in der Urne, das heißt der Conquistador stand auf dem Sprunge, alles zu wagen, um alles zu gewinnen. Von seinem Rechte dazu war der Mann vollständig überzeugt. Diese Spanier des 16. Jahrhunderts nahmen den berühmten Satz, welchen nachmals der größte Denker des 17. Jahrhunderts theoretisch aufstellte, den Satz: „Jeder hat gerade soviel Recht, wie er Macht hat" – überall praktisch vorweg.

Die Eroberer von Peru haben später, um ihr schnödes Spiel zu rechtfertigen, die Behauptung ausgehen lassen, sie hätten nur das Prävenire gespielt, indem sie dem Inka anthaten, was er ihnen anzuthun beabsichtigt hätte. Diesen Vorwand zu widerlegen lohnt sich nicht der Mühe. Es ist ja nicht ein Schatten von Beweis dafür beigebracht worden. Thatsache dagegen ist, daß Atahuallpa arglos und vertrauensvoll in die ihm gestellte Falle ging. Er hatte offenbar gar keine Ahnung von dem wirklichen Charakter der blaßgesichtigen Fremdlinge. Er war gänzlich unvermögend, den Verrath sich vorzustellen, welchen seine Gäste gegen ihn im Schilde führten. Dies beweist zweierlei: die Superiorität der Spanier an Intelligenz und Thatkraft und die Superiorität der Peruaner an Moral. Seume's Hurone hätte hier mit vollem Rechte sagen können: „Seht, wir Wilden sind doch bess're Menschen!" Aber das hatte hier, wie überall, wenig oder nichts zu bedeuten. Die arme Moral, in der physischen Welt eine unbekannte Größe, ist auch in der sogenannten „moralischen" nur das immer gesuchte, aber nie gefundene X. Die wahre und wirkliche Moral der Weltgeschichte ist bekanntlich der Erfolg, vor welchem ja die Menschen in ihrer unergründlichen Niedertracht allzeit die Kniee gebeugt haben. Aber – im Sinne Spinoza's zu sprechen – der Erfolg ist das Recht gerade so lange, bis ein anderer Erfolg noch rechtmäßiger, das heißt erfolgreicher über ihn kommt, ihn wegwischt und sich auf seinen Platz stellt. Das ist allerdings sehr „unmoralisch", aber es ist eine historische Wahrheit, ebenso evident und unwiderleglich wie irgendeine mathematische Wahrheit. ...

Der Inka hatte morgens die Botschaft gesandt, daß er den gestern angekündigten Besuch im Quartiere der Spanier in Wehr und Waffen an der Spitze seiner Krieger abstatten werde. Quer das! Aber es ließ sich nicht wohl etwas dagegen machen oder auch nur sagen. Wirklich meldeten die spanischen Vedetten bald, daß sich das peruanische Heer gesammelt und gegen die Stadt in Bewegung gesetzt habe. Aber – zu Pizarro's nicht kleiner Erleichterung – machte der Inka mit seiner Armee auf der großen Prairie vor der Stadt Halt und sandte die Meldung herein, er werde nur mit einem nicht gar großen und unbewaffneten Gefolge kommen.

Und so kam er nachmittags. Als die Procession – denn eine solche war es, nicht ein kriegerischer Zug – die Stadt betreten hatte und zu dem Quartiere der Spanier sich heranbewegte, erstaunten die Schildwachen über die bunte Pracht des etliche Tausende zählenden kaiserlichen Hofstaates, dessen einzelne Abtheilungen in ganz weißen oder in weiß und roth gewürfelten Festkleidern einhergingen. Die Schar der Leibtrabanten war himmelblau gekleidet, trug reichen Goldschmuck und führte silberne Keulen. Sonst sah man keine Waffen. Die Mitglieder des Inka-Adels waren an ihren prächtigen, bis auf die Schultern herabreichenden Ohrgehängen erkennbar. Inmitten des Gefolges schwebte über den Köpfen desselben die von Edelleuten getragene Sänfte des Inka's. Das Gestell war mit Goldplatten belegt und mit den glänzenden Federn tropischer Vögel verziert. Darauf ruhte der Thronsitz Atahuallpa's aus gediegenem Golde. Der Anzug des Herrschers blitzte von Gold und Edelsteinen. Er hatte eine Halskette von herrlichen Smaragden angethan, in seinen Haaren waren kostbare Steine befestigt und die Fransen der rothen Borla fielen über seine Stirne herab. Seine Haltung war würdevoll, sein Blick ruhig. Die schon über ihm hängende Verhängnißwolke warf nicht den leisesten Schatten auf seine Züge

Wie die Augen der in den Säulenhallen lauernden spanischen Christen vor Begier gefunkelt haben mögen, als sie beim Hereinschwenken des Zuges auf den großen Hofraum alle diese heidnische Pracht erblickten!

Spanischer Aussage zufolge ordnete sich die Menge des kaiserlichen Geleites mit bewunderungswerther Raschheit und Genauigkeit auf dem freien Platze, auf welchem zunächst nicht *ein* Spanier zu sehen war. In der Mitte des Hofes angelangt, machte Atahuallpa Halt, blickte suchend umher und fragte: „Wo sind denn die Fremden?"

Als hätte er ein Stichwort gesagt, begann jetzt sofort das Verrathspiel, in welchem charakteristischer Weise ein Priester mit der „Exposition" beauftragt war. Als Dank und Lohn hat er nachmals den Bischofsstab vom Kuzko erhalten.

Der Padre Vicente de Valverde, ein Dominikaner und Pizarro's Feldprediger, trat in seiner weißen Kutte vor, das Krucifix in der Rechten, das Brevier in der Linken, näherte sich dem Thronsessel des Inka und erklärte ihm unter Vermittelung Felipillo's, die Spanier seien nach Peru gekommen, um dieses Land zum wahren Glauben zu bekehren. Und rüstig ging der eifrige Mönch sofort daran, das Bekehrungswerk an dem Inka selber vorzunehmen, und er hub an die schwierige Lehre von der christlichen Dreieinigkeit, weiterhin die ebenfalls nicht so ganz leicht begreiflichen Dogmen vom Sündenfalle des Menschen und von der Erlösung durch Jesus Christus auseinanderzusetzen. Hierauf sprach er von des Heilands Kreuzigung, Tod, Auferstehung und Himmelfahrt und wie der Apostel Petrus zum Statthalter Christi auf Erden bestellt worden und wie die Nachfolger Petri, die Päpste, die Obergewalt über den ganzen Erdkreis besäßen. Dies alles war die solide Basis für des Mönches Schlußapostrophe, nämlich: „Der Papst hat dem Kaiser Karl dem Fünften den Auftrag ertheilt, die Bewohner der Neuen Welt zu unterwerfen und zu bekehren. Zu diesem Zwecke sind wir da. Demnach kann der Inka von Peru nichts Besseres thun, als sich schleunigst zu dem ihm soeben vorgetragenen Christenthum zu bekehren und sich nebenbei als treugehorsamer Vasall seinem Oberherrn, besagtem Kaiser Karl, zu unterwerfen."

Bei diesem Vortrag des guten Padre mag dem armen Atahuallpa geworden sein, wie dem wohlbekannten Schüler in Goethe's Faust bei dem immerhin beträchtlich verständlicheren Vortrag Mephisto's wurde: dumm, sehr dumm. Indessen scheint der Inka, wenn auch nicht sämmtliche Prämissen des Dominikaners, doch aber die praktischen Schlußfolgerungen ganz gut begriffen zu haben. Man bemerkte, daß während der Predigt des Mönches die Züge des Herrschers von Peru mehr und mehr sich verfinsterten. Jetzt, nachdem der Padre ausgesalbt hatte, brach er los:

„Wie, ich, der ich größer als irgendein anderer Monarch, sollte einem Menschen mich unterwerfen? Nimmer! Und der, welchen ihr den Papst nennt, muß ein Wahnsinniger sein; denn wie könnte er sonst über Länder verfügen wollen, die ihm gar nicht gehören? Meine Religion aber, warum sollte ich sie mit einer andern vertauschen? Ihr sagt, euer Gott sei von denselbigen Menschen, die er geschaffen habe, umgebracht worden. Nun wohl, mein Gott" – (und dabei wies der Sprechende auf den abendlich-prächtig am Firmamente hinabsinkenden Sonnenball) – „*mein* Gott lebt da droben und wirft segnende Blicke auf seine Kinder herab. Im übrigen,

Fremdling, wer oder was gibt dir Berechtigung und Vollmacht, so, wie du gethan, zu mir, dem Herrscher dieses Landes, zu sprechen?"

Padre Vicente sah etwas verblüfft aus und wußte zur Antwort nur auf sein Brevier zu weisen. Der Inka nahm ihm, von seinem Thronstuhle sich herabbeugend, das Buch aus der Hand und schlug die Blätter um, als wolle er darin eine Erklärung aller dieser wunderlichen Dinge suchen. Als aber das Brevier stumm blieb, warf er es, plötzlich in Jähzorn ausbrechend, verächtlich zu Boden und rief dem Mönche zu:

„Sag' deinen Landsleuten, daß ich sie für alles, was sie in diesem Lande gethan, zur Rechenschaft ziehen werde."

Ob Atahuallpa wirklich so drohend gesprochen hat? Wir besitzen hierfür eben nur das sehr zweifelhafte Zeugniß der Spanier. Freilich, die dem Inka widerfahrene Zumuthung war unverschämt genug, auch einen weit weniger stolzen Mann mit Groll und Zorn zu erfüllen.

Der Mönch, seinerseits über diesen Ausgang seines Bekehrungsversuches nicht wenig entrüstet, raffte sein Brevier auf, lief eilends in die Säulenhalle, wo Pizarro seinen Stand genommen hatte, und rief dem Conquistador zu:

„Seht Ihr denn nicht, daß sich rings die Felder mit rothen Heiden füllen, während wir an diesem hochmüthigen Hunde Lunge und Zunge verschwenden? Greift an! Greift an! Ich absolvir' Euch."

Also aus Priestermund der Verdienstlichkeit seines Werkes versichert, trat Pizarro aus der Halle auf den Platz und schwenkte ein weißes Tuch in die Luft.

Das war das Mordsignal. Alsbald wurden die beiden Feldschlangen und soviel der Arkebusen die Spanier hatten, abgefeuert; die Trompeten ertönten; die ganze Bande, Reiterei und Fußvolk, brach mit einmal aus den Hallen auf den Platz hervor und warf sich von drei Seiten her mit dem nationalen Schlachtrufe „San Jago!" wüthend auf die arg- und waffenlosen Peruaner.

Der Ueberfall gelang vollständig. Schrecken und Entsetzen fielen auf die überfallene Menschenmenge, wie der Lämmergeier auf ein Mutterlamm fällt. Nichts von Widerstand, nicht ein einziger Anlauf dazu. Alles, was die armen Menschen wagten, war dieses, daß sie in dem angehobenen schrecklichen Gemetzel, welches bald den Platz mit Leichenhaufen bedeckte, die geheiligte Person ihres Inka mit rührender Hingebung und edler Selbstopferung zu schützen suchten. Die peruanischen Edelleute drängten sich scharenweise den anstürmenden spanischen Reitern entgegen und boten, einen Wall um den Tragsessel Atahuallpa's bildend, die Brust den Mordschwertern dar. Wiederholt erneuerte sich dieser Wall. Umsonst! Reihe nach Reihe wurde von den mordmüthigen Spaniern niedergehauen – endlich auch die Sänfteträger; der Thronsessel stürzte zu Boden, der Inka mit ihm, und er wäre wohl erschlagen worden, so nicht Pizarro das Gewühle durchbrochen und sich nicht mit erhobenen Armen schützend vor Atahuallpa gestellt hätte.

Ein gefangener Inka galt zur Zeit dem Conquistador viel mehr als ein getödteter.

Nach also zuwegegebrachter Gefangennahme des Sonnensohnes hörte das Blutbad noch nicht auf. Es verbreitete sich in die Stadt und auf die Felder ringsum. Die Kunde, daß der Inka ein Gefangener der fremden Blassgesichter, vermehrte noch die Panik. Das ganze peruanische Heer zerstob in alle Winde. Tavantinsuyu war nur noch ein Mann, dem man das Haupt abgeschlagen hatte, ein langsam verblutender, willen- und regloser Rumpf.

Die Zählung der Erschlagenen schwankt zwischen zweitausend und zehntausend. Daß gar kein aktiver Widerstand geleistet worden, erhellt aus dieser Thatsache: kein Spanier hatte auch nur eine Ritze, geschweige eine Wunde davongetragen, mit Ausnahme des Generals, der, zum Schutze des zu Boden gestürzten Inkas's herbeieilend, im Gedränge durch das Schwert eines seiner Miträuber leicht an der Hand verwundet worden war.

Atahuallpa setzte seinem furchtbaren Geschicke den Stoicismus seiner Rasse entgegen. Er fand sich, haben seine Verderber ausgesagt, sofort in seine neue Lage. In seinem Gebaren gegen seine Unterthanen stets die feierliche Würde eines stolzen und strengen Gebieters herauskehrend, sei er gegen die Spanier leutselig gewesen und habe sich sogar mitunter zu scherzhaften Aeußerungen herabgelassen. Am Abende des Bluttages mit Pizarro zu Tische sitzend, habe er

seine Bewunderung der Geschicklichkeit und Energie, womit die Spanier sich seiner Person be-
mächtigt hätten, nicht verhohlen und habe geschlossen mit dem Resignationsworte: „So geht
es im Kriege zu, siegen, oder besiegt werden **(que era uso de guerra vencer i ser vencido).**“

7

Selbstverständlich unterließ der Conquistador nicht, dem dreieinigen Gotte und der Himmelskönigin Maria – den Schutzheiligen Spaniens, San Jago, auch nicht zu vergessen – feierliche Dankgebete darzubringen. Hierauf richtete er sich in Kaxamalka ganz als Sieger und Gebieter ein und ließ die Stadt, sowie die Villa des gefangenen Inka's plündern. Die dort gemachte Beute an Edelsteinen – insbesondere schöne Smaragde – Gold und Silber in Form prächtigen Tafelgeräthes reizte natürlich den Golddurst der frommen Eroberer nur noch mehr. Inbetreff seines kaiserlichen Gefangenen waren die Absichten des Generals noch unbestimmt. Da er aber wahrnahm, was für ein kostbares, die unbedingte Unterwürfigkeit der Peruaner verbürgendes Pfand in der Person Atahuallpa's sich in seiner Gewalt befand, so gab er sich Mühe, den Gefangenen vorerst bei guter Laune zu erhalten. Soweit die Vorschriften einer strengen Bewachung es gestatteten, durfte der Inka seinen Hofstaat und sein Harem bei sich haben und in den Augen seiner Unterthanen wurde seine unumschränkte Autorität durch seine Gefangenschaft nicht im geringsten beeinträchtigt. Für die Peruaner war und blieb auch der gefangene Atahuallpa der abgöttisch zu verehrende und verehrte Sonnensohn. Hätte dieser ihnen befohlen, den Spaniern bis zum äußersten den Krieg zu machen, sie würden zweifelsohne nicht gezaudert haben, Gut und Blut in diesem Kampfe aufzuwenden. Allein ein solcher Befehl erging nicht an sie, maßen der Inka sehr wohl wußte, daß er sich mittels Ausgebung desselben das Todesurtheil sprechen würde.

Derweil Pizarro auf Verstärkungen von der Seeküste her wartete, gefiel er sich darin, er, dessen Herz von der Härte des unteren Mühlsteins war, gegenüber seinem Gefangenen den süßchristlichen Bekehrer zu spielen. Dabei wiederholte er fortwährend, er und seine Leute seien nur in dieses Land gekommen, um die heilige Religion Jesu Christi zu verkündigen, und es sei daher nur recht und billig, daß sie unter dem sichtbaren Schutze und Beistande Gottes, der allerseligsten Jungfrau und sämmtlicher Heiligen den Sieg davongetragen hätten. Der gefangene Inka schwieg zu dieser süßen Frömmigkeit. Er merkte ja unschwer, was dahinter steckte. War es ihm doch binnen kurzem klar geworden, daß seine Besieger alle die Götter und Göttinnen der christkatholischen Mythologie im Himmel mit großer Devotion verehrten, auf Erden aber nur *einen* Gott anbeteten, den Goldteufel. Bei dieser ihrer *thatsächlichen* Religion beschloß er sie zu fassen, indem er sich der Illusion hingab, mittels Stillung des spanischen Golddurstes seine Freiheit wieder zu erlangen. Dieser arme blinde Heide war so thöricht-ehrlich, Wort- und Vertragstreue auch bei den frommen Christen vorauszusetzen. Als ob Söhne der alleinseligmachen Mutter in die schnöde Ketzerei verfallen dürften, Ketzern und Heiden wortzuhalten!

Eines Tages, als Pizarro mit mehreren seiner Officiere bei dem Inka war, nahm dieser das Wort und erbot sich, als Preis seiner Freilassung soviel Gold zu geben, daß der ganze Boden des Gemaches damit bedeckt werden könnte. Die Spanier nahmen das für Großsprecherei und sagten nichts dazu, lächelten aber ungläubig. Gereizt durch dieses Lächeln, stellte Atahuallpa sich auf die Zehen, erhob den Arm, bezeichnete mit der Hand eine Stelle an der Zimmerwand und sagte nachdrücklich: „So hoch, bis hierher will ich das ganze Gemach mit Gold füllen, so ihr mich freigebt."

Da hat der Goldteufel hellauf in den Spaniern gelacht.

Man kann doch immerhin die Probe machen, ob das Märchenhafte wahr und wirklich sein könnte, dachte der Conquistador und erklärte, das Anerbieten des Inka annehmen zu wollen. Sofort ließ er auch den von Atahuallpa vorgeschlagenen Vertrag urkundlich aufsetzen.

Das Zimmer war nach der niedrigsten Angabe 22 Fuß lang und 17 Fuß breit – nach der höchsten 35 Fuß lang und 18 Fuß breit. Die mittels eines roten Striches rings an den Wänden markirte Linie befand sich 9 Fuß über dem Fußboden. Dieser ganze Raum sollte mit Gold ausgefüllt werden, doch müßte dasselbe nicht zu Barren geschmolzen sein, sondern dürfte die Formen behalten, zu welchen es verarbeitet war. Der Inka ging auch noch die Verpflichtung ein, ein anstoßendes etwas kleineres Gelaß auf gleiche Weise mit Silber zu füllen und zwar zweimal. Binnen zwei Monaten sollte dieser ungeheure Gold- und Silberschatz beigebracht sein.

Und er ward auf- und beigebracht, nachdem der Inka seine Befehle hatte in's Land ausgehen lassen. Von allen Seiten wurden schwere Lasten von Gold- und Silbergeräthen herbeigeschleppt. Oft gingen an einem Tage solche im Werthe von vierzig- bis sechszigtausend Pesos de Oro (Goldthaler) ein. Von Kuzko allein kamen zweihundert Kargas (Lasten) Goldes. Mußte doch der Korikancha in der Hauptstadt eines Theiles seiner kolossalen Reichthümer sich entäußern, um das Lösegeld für den Sonnensohn zu vervollständigen: siebenhundert Goldplatten wurden von dem Dache und den Wänden des Nationaltempels abgelöst.

Zwischenhinein spielte eine tragische Episode. Der von seinem Bruder in einer Festung ein-gethürmte Prinz Huaskar hatte die Kunde von dem, was in Kaxamalka geschehen, vernommen. Es schien ihm dienlich, seine Freiheit, vielleicht gar die Inka-Borla wieder zu erlangen. Er wußte Mittel und Wege zu finden, an Pizarro eine Botschaft gelangen zu lassen, des Inhalts, er, Huas-kar, sei erbötig, für *seine* Befreiung den Spaniern ein noch größeres Lösegeld zu bezahlen, als das ihnen von Atahuallpa gebotene; denn dieser, welcher niemals in Kuzko gelebt hätte, wüßte ja gar nicht, was für Schätze die Hauptstadt bärge.

Der Conquistador erkannte sofort, daß sich aus dem Streithandel zwischen den beiden feind-lichen Brüdern allerhand Vortheile ziehen ließen, und theilte seinem Gefangenen mit, er beab-sichtigte, den Prinzen Huaskar nach Kaxamalka bringen zu lassen, um hier den Thronstreit zu untersuchen und zu entscheiden. Allein diesmal kam Atahuallpa *ihm* zuvor. In Vollstreckung insgeheim von dem Inka abgesandter Befehle wurde der arme Huaskar, der rechtmäßige Erbe von Peru, im Flusse Andamarka ertränkt. Pizarro empfand diesen Todesfall als den Verlust ei-ner schweren Trumpfkarte im Spiele seiner Politik, allein sein Verdruß ward ihm versüßt durch den großen Glücksfall, daß sein Mitgründer Almagro zu Ende Decembers von 1532 mit drei Schiffen an der Küste nahe bei San Miguel landete und sodann Mitte Februars von 1533 mit einer tüchtigen und wohlgerüsteten Verstärkungsmannschaft von hundertfünfzig Fußgängern und fünfzig Reitern in Kaxamalka einrückte.

Der gefangene Inka freilich konnte in den neuen Ankömmlingen nur zweihundert Land-, Leute- und Goldräuber mehr erblicken. Seine Stimmung verdüsterte sich überhaupt mehr und mehr. Ein Komet erschien am Himmel, und einer der Wächter zeigte dem Gefangenen das Meteor. Er sah es lange an und sagte dann kummervoll: „Ein solcher Stern ist auch kurz vor dem Tode meines Vaters Huayna Kapak am Himmel aufgegangen."

Die Erfüllung der düsteren Ahnungen des brudermörderischen Gefangenen ließ nicht lange auf sich warten. Schon war die Nemesis hinter ihm her, aber wie so oft, gefiel es ihr auch diesmal, ein Verbrechen mittels eines andern zu bestrafen.

Pizarro's Bande vermochte die Gier, die ungeheure Beute, welche sich tagtäglich vor ihren Au-gen mehr und mehr aufhäufte, unter sich zu theilen, nicht mehr länger zu bezähmen. Sie schrie laut nach Theilung und der Conquistador mußte sich herbeilassen, der „öffentlichen Meinung", der „Volksstimme-Gottesstimme" zu entsprechen. Eine Schar von peruanischen Gold- und Sil-berschmieden wurden demnach kommandirt, die Werke ihrer Kunst zu zerstören und alles das eingelieferte Geräthe von Edelmetall zu Barren zu schmelzen. Ausgenommen von dieser Ein-schmelzung wurden nur Gegenstände von hunderttausend Dukaten im Werthe, welche für die Krone Spanien bestimmt waren und welche Pizarro's Bruder dem Kaiser Karl überbringen sollte. Es waren darunter wirkliche Kunstwerke, besonders schön geformte und zierlichst ciselirte Va-sen von reinstem Golde, sowie ein Springbrunnen, der aus silbernem Becken einen funkelnden Goldstrahl in die Höhe trieb und an dessen Rand aus Gold und Silber kunstvoll geformte Vögel spielten. Nach monatelanger, Tag und Nacht währender Schmelzarbeit lag der Schatz, in Barren verwandelt, zur Theilung bereit, an Werth auf 1,326,539 Goldthaler geschätzt, was in Berück-sichtigung des weit höheren Goldwerthes von damals nach heutigem Geldwerthe mindestens 4 Millionen Pfund Sterling oder 100 Millionen Franken betragen würde. Da hierzu das Silber noch nicht gerechnet war, so darf wohl behauptet werden, daß eine solche Beute an Barschaft zum zweitenmal nie und nirgends vorgekommen sei. Der Hauptmann der Bande vergaß selbst-verständlich bei der Theilung sich keineswegs: er empfing als seinen Antheil 57,222 Pesos de Oro, 2350 Mark Silber und den auf 25,000 Goldthaler geschätzten Goldthron des Inka's. Die

Offiziere erhielten je nach Graden und Dienstleistungen jeder bis zu 30,000 Goldthaler, von den Reitern durchschnittlich jeder 8000 Goldthaler, von den Fußgängern jeder 4000.

Aber sie schrieen nach mehr und verlangten nach Kuzko zu marschiren, weil sie von dem Goldreichthum der Hauptstadt ganz fabelhafte Vorstellungen sich gebildet hatten. Pizarro war um so geneigter, den Marsch auf Kuzko anzutreten, als ihm längst klar geworden, daß nur der Besitz der heiligen Stadt ihm die unbedingte Herrschaft über ganz Peru geben und sichern würde. Aber sollte man den gefangenen Inka mit dorthin schleppen? Was sollte man überhaupt mit dem Entthronten anfangen, der nachgerade ein recht unbequemer Gegenstand geworden war? Zumal Atahuallpa jetzt, nach Leistung seines Lösegeldes, auf die Erfüllung des Vertrages, d. h. auf seine Freilassung drang. Der arme Illusionär! Pizarro hätte nicht sein müssen, der er war, so ihm auch nur im Traume eingefallen wäre, in die Forderung seines Gefangenen zu willigen. Den Inka freilassen? Das hieß ja das ganze Peru-Geschäft wieder in Frage stellen. Nimmermehr! Aber dieser rothhäutige Heide ist doch eine sehr lästige Bürde, die wir nicht länger mit uns herumschleppen können. Zudem, so lange der Inka am Leben, sind tausend Zufälle denkbar, daß er uns entwischte und wir sodann die ganze Eroberungsarbeit wieder von vorn anheben müßten. Summa: Die Todten beißen nicht und kommen nicht wieder.

Nun will aber bekanntlich alles seine Form, seine Farbe und seinen Firniß haben. Das Schlechteste, Böseste, Ruchloseste zumal ist häufig darauf versessen, sich recht anständig herauszuputzen. Kleider machen zwar keine Menschen, aber doch Leute. Laßt uns also, kalkulirten Pizarro und Comp., auf einen anständigen Vorwand sinnen, den Inka in aller Form abzuthun.

„Alles schon dagewesen." Wenn die Bonaparte, der vorgebliche Onkel wie der angebliche Neffe, komplottirten, so haben sie, wie jedermann weiß, immer ein erfabeltes, angeblich gegen die Sicherheit des Staates gerichtetes Komplott als eine spanische Wand vor ihr eigenes und wirkliches hingestellt. Diese Kunst praktizirte nun auch schon der Eroberer von Peru. Plötzlich rumorte es demzufolge unter den Spaniern: Wir sind von dem nahen Ausbruche einer großen, von dem gefangenen Inka heimlich angestifteten Verschwörung der Eingeborenen bedroht. Machen wir es kurz mit dem verrätherischen Heiden: zum Tode mit ihm!

Nicht verschwiegen darf werden, daß zur Erregung solchen Argwohns und Hasses gegen Atahuallpa ein Peruaner sehr viel beigetragen hat, das Philippchen, der Dolmetsch, ein boshaftes Kerlchen, welches von seiner Wichtigkeit ungeheuer aufgeblasen war und sich erfrecht hatte, mit einer der Haremsdamen des Inka's eine Liebschaft anzuspinnen. Als er mit seiner Schönen betroffen und die Sache dem gefangenen Sonnensohne zu Ohren gebracht wurde, empfand es Atahuallpa als einen ungeheuren ihm angethanen Schimpf. Er beschwerte sich bitter bei dem Conquistador und äußerte: „Nach peruanischem Gesetze kann ein solcher Frevel nur durch den Tod des Verbrechers und seiner ganzen Familie gesühnt werden." Allein die Spanier sahen dieses Vorkommniß spanisch und nicht peruanisch an. Der Felipillo war ihnen unentbehrlich und außerdem, hm, warum etwas so tragisch nehmen oder gar mit dem Tode bestrafen wollen, was viele unter uns, die wir doch gute Christen sind, ebenfalls gethan haben. ... Der ganze Erfolg von Atahuallpa's Beschwerde war also dieser, daß das unentbehrliche Philippchen aus Rachsucht den Lügenbalg von Verschwörung zu einem Ungeheuer aufblies, welches die Spanier sammt und sonders zu verschlingen drohte.

Wie prächtig sich das machte! Nun konnte man spanischerseits die gekränkte Unschuld, konnte man den Verrathenen, Gefährdeten, Bedrohten spielen, konnte man „von rechtswegen" gegen den Inka vorgehen, konnte man das schamloseste Possenspiel von Gerichtsprocedur in den anständigsten Formen in Scene gehen lassen.

Und so that man. Die Räuberbande, welche dem Herrn von Peru Thron und Reich gestohlen, sie stahl ihm nun auch noch das Leben. Ein förmlicher Kriminalproceß wurde gegen den unglücklichen Mann angestrengt. Die Anklageakte, ein Meisterstück von Stupidität und Frechheit, brachte zwölf Beschuldigungen vor, unter anderem diese: Der weiland Inka hat ein Harem gehabt, folglich ist er des Ehebruches schuldig; er ist ein notorischer Heide und Götzendiener; er hat auch noch nach der Ankunft der Spanier die Einkünfte des Landes verschwendet. Als

Hauptbezichtigungstrumpf wurde schließlich das Verschwörungsphantom ausgespielt. Pizarro und Almagro saßen der Spottgeburt von Tribunal vor, welches den Angeklagten natürlich schuldig fand. Das Urtheil lautete: „Atahuallpa soll auf dem Marktplatze von Kaxamalka lebendig verbrannt werden." Ein Priester der „Religion der Liebe" sagte, damit das i sein Tüpfelchen erhielte, zu diesem grotesken Urtheil Ja und Amen; denn Padre Valverde erklärte ausdrücklich, daß seines Erachtens der Inka „jedenfalls" den Tod verdient habe. Tröstlich ist es aber, zu hören, daß sich unter allen diesen frommen Barbaren doch etliche Menschen befunden haben; denn einige, freilich nur einige wenige Mitglieder des „Gerichtshofes" protestirten gegen das Urtheil und verwarfen das ganze Verfahren als unrechtmäßig und gänzlich unzulässig. Natürlich hatte dieser Protest das Schicksal aller Minderheitsproteste. Der einzige wirkliche Gentleman in der Erobererbande, Hernando de Soto, war auf einem Streifzuge abwesend. Er hat nachmals den höchsten Unwillen gegen die Hinmordung Atahuallpa's geäußert.

Man quälte den verlorenen Mann dann auch noch mit Bekehrungszumuthungen und brachte ihn dazu, sich taufen zu lassen, als er schon auf den Scheiterhaufen geschleppt und an den Todespfahl gebunden war. Man brachte ihn dazu mittels des Versprechens, daß er, so er sich noch im Handumdrehen „bekehrte", nicht lebendig verbrannt, sondern *nur* mittels der „Garrote" erdrosselt und nachmals eingeäschert werden sollte.

Das geschah denn am 29. August von 1533 auf dem Platze von Kaxamalka, und so starb auf Anordnung eines weiland spanischen Schweinehirten der letzte Inka von Peru, der letzte Sonnensohn.

Er ist bei seinem Tode etwa dreißig Jahre alt gewesen, ein Mann von schöner Gestalt, ausdrucksvollen Zügen und gebieterischer Haltung. Die Spanier haben ihn aus begreiflichen Gründen als eine Art Teufel verschrieen. Doch gab es später mehrere, die anerkannten, daß Atahuallpa gescheid, kühn, tapfer, edelherzig und freigebig gewesen sei. Gewiß ist, daß er geliebt worden: nach seiner Ermordung gaben sich mehrere seiner Frauen den Tod, um, wie sie hofften, ihre Seelen mit der ihres geliebten Herrn in der Sonne zu vereinigen.

Am 15. November von 1533 zog der Conquistador in Kuzko ein, und jetzt schien die Eroberung von ganz Peru eine vollendete Thatsache zu sein. In der Hauptstadt machten die Spanier abermals eine ungeheure Beute, so daß bei der Theilung jedem Reiter 6000, jedem Fußgänger 3000 Goldthaler zufielen. Dem Reitersmann Mancio Serra wurde als sein Antheil das große, schön gearbeitete, massiv goldene Bild der Sonne zugetheilt, welches im Korikancha über dem Opferaltar aufgehangen gewesen war. Er verspielte es in *einer* Nacht, woher das spanische Sprichwort: „**Juega el sol antes que amanezca**" (die Sonne verspielen, bevor sie aufgegangen).

Symbolisirt diese Spielgeschichte nicht so zu sagen die gesammte Geschichte der spanischen Conquista in der Neuen Welt? War diese Conquista nicht von A bis Z ein verwegenes, leidenschaftliches Hazardspiel? Und dennoch, wie sehr man vom Standpunkte der Moral aus die ganze transatlantische Kolonisationsweise der Spanier in Amerika verurtheilen mag und muß, gebührt derselben die laute Anerkennung, daß sie ein kulturgeschichtliches Motiv von unberechenbarer Triebkraft und Wirksamkeit gewesen ist. Die Weltgeschichte arbeitet ja nicht mit Moral, sondern mit Nothwendigkeiten und Interessen. Diese werden durch die menschlichen Leidenschaften, und zwar durch die bösen wie durch die guten, flüssig und für die große, das Dasein der Menschen beseelende Entwickelungsidee nutzbar gemacht. Es ist so eine geschichtegesetzliche Nothwendigkeit gewesen, daß Amerika gefunden, erobert, besiedelt und die eingeborene Bewohnerschaft unterjocht oder geradezu ausgerottet werden mußte, damit der Europäismus seine Kulturherrschaft über den Erdball antreten und feststellen könnte. Da half und hilft kein sentimentales Mitleid mit dem „Letzten der Mohikaner". Schon jetzt läßt sich mit so zu sagen mathematischer Bestimmtheit voraussehen, wann die rothhäutige Rasse ein von der Weltgeschichte gänzlich verarbeiteter und beseitigter Völkerstoff sein wird.

Die Frevel und Gräuel der spanischen Eroberung von Mittel- und Südamerika häufen sich zu einem Berge, welcher den Orizaba, den Popokatepetl, den Chimborasso überragt. Ganz recht. Aber es war doch diese spanische Kolonisationsweise, dieser grausame „Raubbau", welche und

welcher es ermöglichten, jenen gewaltigen Strom von Edelmetallen nach Europa hinüberzu-
leiten, der zweifelsohne eine der bedeutsamsten volkswirthschaftlichen Revolutionen zuwege-
brachte. Denn dieses rasche und massenhafte Zuströmen von Gold und Silber vermehrte höchst
beträchtlich das europäische Kapital, welches fortan der Landwirthschaft, der gewerblichen Her-
vorbringung und der Handelsthätigkeit eine bislang nicht einmal geahnte Regsamkeit, Viel-
seitigkeit und Ausbreitung zu verleihen vermochte. Wie aber das dem Ansehen, der Geltung
und Macht des Bürgerthums, also dem eigentlichen Kulturträger der Neuzeit, zu gute kommen
mußte, ist klar. Es fällt auch auf und steht einem welthistorisch-mephistophelischen Sarkasmus
gleich, daß die „ritterlichen", von den Anschauungen und Stimmungen der mittelalterlich-feu-
dalen Welt ganz erfüllten Spanier mittels ihrer Conquista in der angedeuteten Weise den Ruin
des Feudalismus mitherbeiführen mußten.

Doch auch die Herren Moralisten sollen am Ende dieser Historie nicht leer ausgehen. Bleibt
ihnen doch der süße Trost, derselben als Nutzanwendung den Wahrspruch des unglücklichen
russischen Dichters Relejew: „Gott heißt Vergeltung in der Weltgeschichte" anhängen zu können. In Wahrheit, die von den Spaniern in der Neuen Welt begangenen Sünden sind schwer auf
Spanien zurückgefallen. Denn für dieses Land sind die blendenden, die märchenhaften Erfolge
seiner Söhne in Amerika mit der Zeit zweifelsohne zu großem Unheile ausgeschlagen. Das kam
daher, daß Spanien, im Besitze unermeßlicher Länderstrecken jenseits des Oceans, im Besitze
der Goldlager Peru's und der Silbergruben Mexiko's, das moderne Evangelium der Arbeit nicht
vernehmen wollte und nicht zu bedürfen glaubte.

Auch auf die Conquistadoren selbst ist die Vergeltung schwer gefallen. Am schwersten auf
die von Peru. Sie haben sich in mörderischen Händeln gegenseitig aufgerieben. Fast alle vorra-
genden Theilhaber an dem Unternehmen gegen das Inka-Reich sind eines gewaltsamen Todes
gestorben. So auch der zum Marques erhobene Statthalter Francisko Pizarro selbst. Am 26. Juni
von 1541 ist er von einer Rotte zu seinem Verderben verschworener Spanier in seinem Palaste
in der von ihm 1535 gegründeten Stadt Lima überfallen und niedergemacht worden.

Mitten durch das rothe Meer, durch ein Blutmeer geht der ewige Leidens- und Triumphzug
der Menschheit. Vorwärts!!!